★緊張時，請先「深呼吸」，放鬆情緒★

★上台後，記得先決定「視線方向」★

あがりやすい人
のための
「話す力」の鍛え方

容易緊張的人，如何說話？

說話也有
SOP!

酒井美智雄 著 葉廷昭 譯

如何活用「萬用演說稿」，準備講稿？

在本書 P119 中，列出五種常見的演說主題，並標出最容易犯的錯誤，包括：離題、語無倫次、內容太少等。酒井老師根據各種問題，提出修改建議，並給予正確的內容。讀者只需將自己想說的內容，套入萬用演說稿中，即可避免犯相同錯誤，使演說更精彩流利。

此外，並非只有文中提及的五種主題可套用演說稿，原則上，幾乎所有主題都適用。只要掌握演說重點，並活用演說稿的順序脈絡，各位的演說將更精彩，一上台就吸引人。

任何人都適用！消除緊張、結巴、發抖的「最強說話術」

大家好，我是酒井美智雄，首先，感謝各位閱讀拙作。

在正式開始前，我想冒昧請教各位一個問題：**「你是說話容易緊張的人，還是不論任何場合，都可以侃侃而談的人？」**

「我不擅長在正式場合說話。」

「我一緊張，就不知道自己在說什麼。」

「一想到要在大眾面前講話，我的心情就無比沉重。」
「每次講話聲音都會發抖，偶爾還會結巴。」
「在一大群人面前講話，我的身體會變得很僵硬、彆扭。」

只要符合上述的其中一項，你就是「說話容易緊張的人」。

我經營說話教室已有二十五年了，其主要目的是希望幫助大眾克服說話緊張的問題，以提升溝通力。這本書是我將課堂上教導學生的教材，歸納成適合一般大眾閱讀的書籍。內容深入淺出，舉凡「說話時，為何會緊張？」的基礎疑問，乃至「說話時，視線應該看哪裡？」等細微問題的解決方法，全都收錄在本書中。

若你是一開口說話，就會聲音顫抖、腦袋空白、結巴停頓的人，這將是最適合你的第一本「說話教科書」。

克服緊張後，一開口就吸引人

事實上，向我求教的學生中，大多數的人都是因為「容易緊張」，而不是「不知道要說什麼」。**因此，一旦了解克服緊張的訣竅後，「說話力」就會大幅提升。**

其次，提升說話力的訣竅之二，就是「練習」，並在生活中努力實踐，練習「不緊張」的說話方式。如此一來，站在大眾面前說話對各位而言，將不再是痛苦的折磨，反而能成為一種享受。

我在這幾年的教學生涯中也發現，許多實力不錯、也相當有想法的學生，卻常在重要的談話場合因緊張受挫，無法將自己的意見與想法順利傳達給他人，進而錯失許多重要機會，抱憾終生。

因此，各位只要熟讀本書並實踐書中的技巧，便可解決煩惱，帶來更美好的人際關係和未來。

最重要的是，踏出勇敢第一步：「開口說話」。從今天開始，改變說話方式，一起創造美好人生吧！

日本第一說話大師

酒井美智雄

目錄 CONTENTS

第2章 熟記七大技巧，快速消除緊張、不安

第3章 牢記七大法則，再也不因緊張而失言

第4章
善用七大發聲法，輕鬆發出好聲音

第5章

套用說話SOP！面對十大關鍵場合，輕鬆說服各種人

第 1 章

六大緊張通病，這樣改善最有效！

如何克服緊張，說出想說的話？

放慢動作、固定視線，快速消除不安

每個人緊張時的狀況都不太相同：有些人是腦筋一片空白、有些人是全身直冒冷汗；更有些人是一緊張便無法放鬆，必須接受專業治療才能逐漸穩定情緒。由此可見，因「緊張」表現出的症狀，不盡相同。然而，就我所接觸的學生們中，大部分的緊張都能輕鬆排解，尤其是因說話產生的緊張感，只要找出問題癥結，馬上就能獲得改善。

此外，我發現一般人在緊張時，通常會出現下列五個生理反應（身體或

狀態），包括：

- **動作不由自主地變快。**
- **頸部、肩膀肌肉僵硬。**
- **聲音顫抖、音調變高。**
- **視線游移不定。**
- **心跳加快、呼吸急促。**

不知道正在閱讀本書的你，說話時，是否也有上述反應呢？

其實，我們只要了解上述五種生理反應，並試著排除，就可在說話時保持冷靜，說出有條理且豐富的內容。以下是我在課堂上的實際教學經驗，只要改善這五點，站在大眾面前說話，將不再是件困難事。

❶動作不由自主地變快

放慢動作，告訴自己「慢慢來」

當我們感到緊張或焦慮時，動作會不由自主地變快，例如：慌張地走上舞台、手勢變多、肢體動作變快，一旦動作變快，說話速度也會跟著變快。如此一來，不僅無法清楚表達內容，也會使自己更慌張。

因此，必須在心裡不斷地提醒自己「慢慢來」，如慢慢走上台、慢慢拿起麥克風、慢慢說話等。若在說話時發現自己的動作變快、手勢變多，請先放慢自己的肢體動作，就能保持冷靜，有條不紊地說話。

請各位試著回想，電視台轉播運動賽事時的慢動作重播吧！就像重播般，不斷告訴自己「慢慢來」，就能克服緊張的壓力，使說話更有條理。

❷頸部、肩膀肌肉僵硬

開口前，先做肩頸放鬆運動

面對容易緊張的人，我經常請他「放鬆肩膀」，不要聳肩。因為人在緊張時，肩膀會變得僵硬；當肩膀僵硬，脖子也會跟著僵硬，進而造成喉嚨擠壓，發不出聲音。有些人在演講結束後，彷彿經歷一場馬拉松比賽，筋疲力竭、氣喘吁吁，就是因為用了太多不必要的力氣所致。

要解決這個問題的方法很簡單，只要「放鬆肌肉」即可。例如：**演講前，稍微扭動頸部；或用力聳肩後放鬆，就可達到肌肉鬆弛的效果。**

此外，「保持微笑」也有放鬆情緒的效果；畢竟，如果板著一張嚴肅的臉說話，對方也會感到緊張；看著對方緊張的臉，只會讓談話場面更加凝重，無益於對話。

③聲音顫抖、音調變高▶大方承認自己很緊張，獲得認同

當我們感到緊張時，聲音會比平時更難發出，就好像喉嚨卡了東西似的，會出現聲音顫抖、嘶啞、高亢的情形，與平常說話時的音調大不相同。

如果音調改變後，並不會影響說話時的情緒，就無大礙；但大部分的人，在發現聲音顫抖或嘶啞後，都會過度在意自己緊張的情緒，害怕被發現，反而更說不出話來。

這時候，不妨先停止演說，慢慢地「深呼吸」，並坦白地告訴聽眾「我現在很緊張」。不必覺得不好意思或丟人現眼，因為大方承認緊張的演講者，反而能博得聽眾的好感，獲得掌聲。受到這樣的激勵，或許會出現更好的表現，逆轉結果。

此外，「改變發聲方式」也是克服緊張的方法之一，關於這一點，將在第四章有更詳盡的說明。

❹視線游移不定▼建立一個有規律的視線移動方式

許多人分不清「視線」和「眼神接觸」的差別。事實上，這兩者並不相同。所謂「視線」是指眼睛觀看的方向；而「眼神接觸」是指看著對方的眼睛，四目相對的時刻。

上台說話時，原則上視線必須掃視每位聽眾，讓聽眾感覺「你在看著他們說話」，更顯得親切與尊重。不過，許多人一看到聽眾就會緊張，因此大部分的人不是一直看著筆記說話，就是眼神漂移不定，一下看天花板、一下又猛看地板，完全不敢直視台下的聽眾。

事實上，固定視線反而可以幫助各位克服緊張。話雖如此，你一定想：「一直看著聽眾的臉，才會更緊張吧？」

這裡所說的「固定視線」，並不是叫各位猛盯台下某位聽眾，而是建立一個有規律的「視線移動路線」，例如先看最後一排的聽眾，再往左右聽眾席的位置觀看。這種視線移動方式，非常適合初學者，能快速克服緊張，並建立說話的自信心。

❺心跳加快、呼吸急促▶提醒自己「深呼吸」

各位是否看過小狗奔跑後，氣喘吁吁並吐舌頭的模樣？當我們緊張時，呼吸也會變得急促，就像奔跑後的小狗，甚至有人因換氣過度而昏倒。

我曾經在結婚宴客的場合，看到因過度緊張而演講到一半就昏倒的情形。當致詞人開始說話沒多久後，其身影就從台上消失了，原來他因緊張，造成呼吸急促、換氣過度，最後直接昏倒。

「慢慢深呼吸」是預防暈倒的最佳方法。**切記，當你因緊張而感到頭暈目眩時，一定要「慢慢地」調整呼吸節奏，使氧氣可以充分地運送至腦部，**降低暈倒的發生率。

然而，因為緊張而昏倒的例子並不常見，大部分的人只會感到暈眩，各位也無須過度擔心。

五個技巧，快速化解緊張

1 刻意「放慢所有動作」
2 做肩頸的放鬆運動
其實，我很
緊張呢！
3 大方承認自己「很緊張」
4 決定視線的移動方式
5 提醒自己慢慢「深呼吸」

說話要靠「練習」，最忌紙上談兵

當然，不習慣在眾人面前說話的讀者，要馬上在正式場合，並行這五種方式，的確有難度。因此，我建議初學者循序漸進，就能慢慢地掌握五大應對技巧。而「提升說話技巧」的最佳方法就是練習，「紙上談兵」無法解決任何問題，唯有不斷練習才能改善，進而提升說話力。

Point

請先找出緊張的成因，再活用「五大技巧」面對。

微笑，提升說服力的關鍵

面帶笑容可增加信任感，留下好印象

文情並茂是指文章的措詞、語言和情感的表達都十分動人；同樣地，一段精彩的演說也要兼顧「文」與「情」。一般來說，語言上的溝通稱為「口語溝通技巧」，不依靠語言的溝通則稱為「非口語溝通技巧」。這兩項技巧，不論是針對日常生活或正式演說，都非常重要。

所謂的「口語溝通技巧」即是演說的內容；而「非口語的溝通技巧」則是包含表情、眼神、姿勢、動作等。其中最重要的，就是「笑容」。

尤其是鮮少在眾人面前說話的初學者，非常容易在說話時「面無表情」；其原因除了緊張外，許多人是不懂得如何展現笑容。

事實上，精彩演說的關鍵，在於「氣氛」。**演說高手的表情通常很豐富，面帶笑容，語氣輕鬆愉快，懂得帶動現場氣氛，進而使聽眾陶醉。**簡而言之，如果開口說話時，可以兼顧「文」與「情」，就絕對不會失敗，甚至能讓對方留下深刻的印象。

說話時帶著「微笑」，可消除緊張、營造安心感

你曾看過服務人員的微笑嗎？一般來說，在服務業或餐飲業就職的第一線員工，通常必須接受微笑訓練。或許各位會懷疑，「微笑」需要訓練？不就是笑嗎？當然要，因為「微笑」只是笑容的其中一種而已。

事實上，笑容可分三種，即「大笑」、「淺笑」、「微笑」。

「大笑」是指好笑到難以克制表情的程度。依我的看法，大概是完整露出兩排牙齒，並可插進三根手指寬度的笑容。然而，演說時不適合大笑，因為大笑會讓聽眾聽不清楚你想說的話；大笑僅適用於日常的閒聊或玩笑話，建議想帶給周遭歡樂時再使用。

「淺笑」則是臉上綻放笑靨，通常是指露出四顆門牙的笑容。這時候眼角會下垂，是一種看起來十分幸福的表情。

至於「微笑」，則是不露牙齒、只彎起嘴角的笑法。有點類似母親凝視嬰兒時，充滿慈愛的溫和笑意，也是最適合演說的笑容。因為這種笑容不矯揉造作，就像帶著自然的笑意演講，能讓聽眾留下好印象。

掌握微笑的重點在於嘴角和眼角，只要將嘴角稍微上揚，再溫柔地瞇起眼角即可。

如何練習微笑，取得對方信任？

說話時，建議帶著淺淺微笑，不但可讓聽者更安心，也能讓對方卸下心防，輕鬆取得信任。

① 嘴角上揚

用門牙輕輕咬住筷子，練習將嘴角稍微提到筷子之上。

② 眼角下垂

活動眼角的肌肉，試著讓雙眼的眼角產生均衡的皺紋。

大笑和淺笑不見得需要練習，因為當我們感到心情愉快時，自然能輕鬆地露出笑容；不過，想經常保持微笑卻有些困難，因此建議平常多練習，需要時自然能輕鬆展現。

笑口常開的人較受歡迎，因為「笑容」可帶給他人安心和信賴感，請大家平日務必多加練習。

Point

說話時面帶微笑，可提升好感度。

面對面說話時，眼睛該看哪裡？

請看著對方的眼睛，微笑附和

對不擅於說話的人而言，「面對面交談」是令人緊張又害怕的時刻。然而在職場上，總免不了需要出席一對一、一對二，甚至一對三等交談場合。

基本上，出席交談場合的重點就是**「看著對方的眼睛說話」**。

許多人因害怕眼神接觸，或緊張害羞，說話時總低著頭或往天花板看，因而給對方缺乏自信或不老實的印象。其實，只要看著對方的眼睛說話，就算口條不好，也能展現誠意，留下好印象。

看著對方的眼睛說話，是一種禮貌

凝視對方雙眼說話的狀態，我們稱為「明確的眼神接觸」或「長時間的眼神接觸」。亞洲人的眼神接觸沒有歐美人明確，時間也比較短，這或許和文化禮儀或教育方式不同有關。

在亞洲，普遍受到儒家思想的影響，認為直視對方眼睛是一件「失禮」的事情，尤其是注視上位者或年長者的眼睛，更是沒有教養的表現。

然而，為什麼說話時的「眼神接觸」這麼重要呢？

因為，**若不看著對方的眼睛說話，容易產生「負面」印象，包括：缺乏自信、說謊、不老實、沒誠意等**，間接造成彼此的不信任，產生嫌隙，無法達到溝通的最終目的。

反之，只要保持「眼神接觸」，就能有很大的說服效果，也可快速建立信賴關係。不論是職場、日常說話或演說，「眼神接觸」可提升溝通效果，事半功倍。因此，請從現在起，確實看著對方的眼睛說話吧！

說話時請面帶微笑，並搭配眼神接觸

看著對方的眼睛說話，並不是叫你「瞪著對方」，而是保持自然微笑，輕鬆看著對方。因此，「笑容」和眼神接觸其實是一體的。不過，要如何習慣說話時的眼神接觸呢？不妨從日常生活中的對話開始做起。

例如，在對話結束前，一直凝視對方的雙眼。換言之，在文章的句點前，一直保持你的眼神接觸；如果實在無法長時間緊盯他人的雙眼，也可先停留至一句話的逗點就好。久而久之，就會慢慢習慣長時間的眼神接觸。**若談話對象不只一人，記得結束每段話後，要分別凝視不同對象。**

另外，請各位切記，太常移動視線也會給人「不安分」的印象。最理想的狀態是維持到一段話題結束後，再轉移視線。

不過，在面對面交談的情況下，若長時間互相凝視，也容易使對方很緊張，建議可適時穿插看資料、喝茶、注視對方的眼角或臉上的某一部位等，就不會產生死盯不放的感覺。偶爾轉移視線，也能減輕對方的負擔。

簡而言之，只要拿捏好「眼神接觸」的訣竅並多練習，各位一定很快就能掌握其中的奧妙。

Point

說話時，請注視對方的眼睛，並持續至該段話題結束。

說話時，視線會亂飄，怎麼辦？

善用視點的移動，與聽眾互動，炒熱氣氛

前篇提到的「眼神接觸」，是針對人數少的對談場合；那麼，假如站在一百多人的面前演講，眼睛又應該看哪裡呢？

有些人會拚命看天花板或地上；有些人則不斷看自己手邊的資料，或是使用投影器材，看著螢幕上的資料說話。其實，像後者這樣的處理方式，並不是不好，也不會不自然。但是，如果手邊沒有資料呢？一直低頭看資料，聽眾又會有什麼感受呢？

答案是：「不被尊重」，會讓聽眾認為演講者的準備不足，不重視這場演說。因此說到底，「看著聽眾說話」才是最正確的方式。

但是，請那些本來就容易緊張的人注視聽眾的眼睛，反而會更緊張，因此，我會這樣指導學生，「不必直視聽眾的眼睛，只要看著聽眾席最後方的牆壁即可。」

更正確的說法是：視線稍微略高於最後排聽眾的頭頂，看著後方的牆壁。也就是說，**以最後一排的聽眾頭頂為基準，略高幾公分，看著後方的牆壁，這才是最佳的視線高度**。

請務必和朋友親自嘗試這個視線練習，你將發現，明明演講者是看後方的牆壁，而不是看著聽眾，聽眾卻會有一種「對方在看自己」的感覺。

如此一來，就算演講者沒有緊盯著聽眾的臉，也能安心演說；而聽眾也會有被尊重的感覺。

上台時，視線該看哪裡呢？

視線請集中一點，最忌眼神亂飄

在固定視線的情況下，視線略高於最後一排聽眾的頭頂，看著最後方的牆壁。

建議初學者「固定視點」，熟練後再移動

其實，「視點」（視線的凝視點）的位置不只一種，但我建議初學者先從「定點」開始練習，待熟練後，再增加至三點或五點。誠如前文所提及的，建立一套有規律的視線移動路線。

然而，初學者在說話時，視線多半無法顧及所有人，所以我通常建議學生，不妨先找出一點，只要先看那一點即可，例如「找出牆上的汙點，專注地看著那一點」。我稱此方法為「一點固定法」。

若演講者站在講台中央，則視線固定在「正面」；反之，若站在講台兩側，則看著「對角線」即可。待熟練後，可增加至三點，甚至不必拘泥於看幾點，慢慢建立屬於自己的視線移動路線。

掌握視線移動的訣竅，走入聽眾的心

以下三種是我在課堂上，實際教導學生的「視線移動」方法。只要多練習，你將發現，即使在一百多人的面前演說，也能知道眼睛該看哪裡。

❶ 一點視線法 分三區

將聽眾分為右側、正中央、左側三大區塊，視線依序在這三大區塊移動。套用一點固定的基本原理，視線須高過每一區塊，並越過最後一排聽眾頭頂，注視他們身後的牆壁。看著左右區塊時，挑選坐在角落的聽眾也可以。

❷ 三點視線法（正） 畫正三角

請想像全體聽眾席是一張巨大的畫布，用眼睛在上面畫一個巨大的正三角形。當你用視線畫三角形，自然就會平均看到最後方及前面兩旁的聽眾，注視聽眾席的每一位聽眾。

❸三點視線法（反）畫倒三角

這個方法和❷相反，是用眼睛在聽眾席上畫一個巨大的倒三角形。這樣的視線移動方式，能看到後方兩旁及坐在自己正前方的每一位聽眾。

❹五點視線法畫8字

若各位已經熟練三點視線的方法，不妨進一步挑戰「五點視線法」。

首先，將聽眾席分為左右前方、正中央以及左右後方共五點，並利用畫8字的方式，依序移動這五個視點，就會有綜觀全場的效果。

結束一句話時，是「移動視線」的時機

而視點移動的時機和眼神接觸的時間點相同，就是以「一個斷句」為基準。例如，談及「昨天，我到福岡出差了。」後，望向下一個視點；如果說沒幾個字就移動視線，將無法達到眼神交流的目的。

演說高手不僅會掃視台下的每位聽眾，還懂得找出點頭稱是的人，和對方進行眼神交流、微笑或點頭示意。也就是說，一場精彩的演說，與聽眾的互動也是關鍵之一，可使場面熱絡，也可消除演講者的緊張，何樂不為呢？

Point

了解「視點的位置」，掌握眼神接觸的時機。

擔心自己的緊張被看穿，怎麼辦？

適度的緊張，其實有利於溝通

每當我讓學生練習站在眾人面前說話時，我一定會先詢問：「假設緊張的最大值是十，你現在有多緊張呢？」大部分的人會回答：「八到十左右。」也就是每個人都很緊張。這時我會再問台下的學生：「你覺得他們看起來有多緊張？」大部分的回答是：「是零吧！他看起來不緊張啊！」

由此可見，演講者本人和聽眾的數字相去甚遠。本人很緊張，但聽眾完全看不出來。因此，如果你擔心自己的緊張會被觀眾看穿，大可放心，因為聽眾根本沒發現。他們不知道你心跳加速，也不知道你冷汗直流。

說穿了，其實別人根本看不出你很緊張。若是改用這樣的邏輯去思考，是不是比較不緊張呢？

事實上，說話容易緊張的人，多半在意一些雞毛蒜皮的小事。例如，講話過程中口乾舌燥，就開始擔心自己陷入緊張情緒。切記，請不要因為這點小事就動搖、慌張。口才再好的演說高手也會口乾舌燥，這就是為什麼演講桌上都備有茶水。很多事情，不是你事前做好萬全準備，就能有效預防。

微微的緊張，反而能帶來「謹慎」的好印象

因此，當你告訴自己「不能緊張」時，就等同告訴自己「很緊張」，緊張的狀況也會更嚴重。所以，各位要告訴自己「緊張也無所謂，總之試著侃侃而談吧！」就算緊張，只要將所有內容完整表達，也值得被肯定。

有時候，「說話太流暢」也不見得是件好事。

例如：對答如流的面試者，容易讓面試官感覺不到誠意；業務員的口才太流利時，顧客也會懷疑對方是否在欺騙自己。**有時在緊張的狀況下說話，反而會讓對方感覺你很努力，甚至帶來誠實和值得信賴的好印象。**

因此，我們不需完全消除緊張，而是試著學習如何與緊張共存。只要接受訓練，口才一定會進步；經驗越豐富，自然也越不容易緊張。不斷持之以恆的練習，任何人都能變成說話高手。

Point

適度緊張可營造「謹慎感」，提升信任度。

緊張，通常是自己造成的！

改正三大錯誤想法，誰都能說出一口漂亮好話

「認為」自己不擅長說話的人，原因不外乎下列幾點：

「我不習慣在大眾面前講話。」

「我從小到大，都很不會說話。」

「我太在意台下聽眾的反應。」

「我擔心聽眾聽不懂我說的話。」

抱持這種想法的人，多半誤解了說話的本質，其實，**「自己」才是主導說話成敗的關鍵。**如果不了解並導正這些錯誤觀念，再怎麼努力也無法提升說話技巧。此外，常見錯誤觀念還包括：

錯誤❶ 很少主動開口，發言時能躲就躲

說話能力差，或許也意味著說話的經驗不足。

也許有人會反駁「我以前又沒有這樣的機會。」其實，不是我們沒有機會，而是我們刻意迴避機會。實際上，在大眾面前說話的機會永遠不嫌少。在學生時代，有辯論大會的舞台、班級的各項發表會、期末報告等，你是否在這種場合便容易退縮，不敢主動上台發言呢？

出社會後也整天逃避，只願站在幕後莫不吭聲，這樣要如何累積實戰經驗呢？正因為不擅長說話，才更需要把握每次的說話機會，累積實力。

錯誤❷ 認為說話很簡單，不需要練習

很多人認為，說話不需要練習。然而，任何事情都要練習才會進步。就連美國總統的任職演說，也要反覆進行事前排練，更何況是我們這些不擅長說話的平凡人呢？

除了演說或報告外，在商場上的溝通或交涉也需要訓練。報名說話課程、在會議上主動發言等，都是很不錯的訓練。請各位務必有意識地「增加」自己說話的時間，反覆練習。

錯誤❸ 一廂情願地認為「別人一定能聽懂」

有些人常用天真的想法安慰自己，認為就算口才不好，別人也能聽懂自己在說什麼。抱持這種想法的人，永遠無法克服說話時的「緊張」。當一個人自暴自棄，認為自己口條差也無所謂時，也很難增進說話技巧。

這種人遇到台下聽眾睡著，或聽眾對演說內容感到疑惑時，會認為是「對方」的問題。他們完全不願反求諸己，檢討演說內容是否艱澀或無趣。

要解決上述問題，首先必須矯正自己的觀念，擁有獨力完成演說的覺悟，才能斷絕依賴他人的心理。因此，**若想提升說話力，請先矯正「凡事怪罪他人」的錯誤觀念吧！**

Point

請多發言，「練習」是提升說話力的不二法門。

第 2 章

熟記七大技巧，快速消除緊張、不安

開場白請簡短扼要，最忌冗長

簡單問候，將演說的重點放在「內容」

假設某一天，突然在公司或私人聚會上，有人提議「來進行簡單的即興演說吧！每個人有三分鐘的時間構思，內容不拘，請盡情地自由發揮。」

這時，大部分的人會拚命思考開場白，例如：該用什麼漂亮的句子，引起眾人的注意和興趣？還是用新聞主題切入，引起觀眾的共鳴？

若你只有三分鐘構思一場演說，那麼「拚命想開場白」的作法，將註定失敗。因為等你想完開場白，三分鐘也結束了，演說內容卻完全沒構思。

大多數的人總認為，「反正是即席演說，說到哪，算到哪，船到橋頭自然直。」結果，不是上台後講到一半無話可說；就是因時間不夠，只好草草結束一場虎頭蛇尾的演說。

雖然我試著將演說構思時間拉長，但大多數人仍舊無法兼顧內容的質與量。最後，我發現演說失敗的主因，即構思「開場白」的時間過長。

開場白不需複雜，建議先問候再破題

演說時，我通常會這樣簡單開場：「大家午安，我是酒井美智雄，今天要和大家聊聊關於春天的話題。」

換言之，我的制式開場白是：「問候語＋破題」。

問候語可以配合當下的時間，改為「早安、午安、晚安」等；而主題則可根據內容作調整，換成「我的旅遊經驗」、「我的家人」等各式題材。

各位也許會懷疑，「開場白」這樣就可以了嗎？當然可以，因為一場演說最重要的不是開場白，而是你的「演說內容」。

一旦決定好開場白，即可有效利用剩餘的時間，專心構思演說內容，甚至還能事先決定該如何「收尾」，如此一來，每次準備演說時，只需構思內容主題，幫助你爭取更多思考時間。

沒有重點的開場白，只會讓聽眾失去耐性

我認為，**「制式開場白」可以幫助各位縮短構思的時間，此外，也可以幫助初學者快速掌握「說話的步驟」，避免失敗。**就如同撰寫文章時，有所謂的「起承轉合」；演說同樣有「基本的步驟」可套用。關於這一點，在下一篇的「說話五步驟」中，有更詳盡的說明。

一般人多認為，「吸引」聽眾的注意是演說成功與否的關鍵，因此拚命

思考華麗的開場白。實際上，演說內容簡單易懂，重點明確，才是致勝關鍵。否則，就算開場白再好，聽眾也會因為內容冗長，失去耐性。

因此，我建議初學者，與其不斷引用名人金句或熱門話題開場，倒不如專心地充實演說內容，避免弄巧成拙，偏離主題與重心。

同理可證，**在職場上，不論是行銷、簡報、會議、介紹等，「簡單扼要」都是不變的法則**，才能在職場上無往不利。

Point

太注重開場白，反而會忽略演說內容，造成反效果。

如何套用說話五步驟，構思演說？

善用說話版型，充實你的演說內容

書有版型，說話當然也有。因此，接下來我將為各位介紹「說話五步驟」，這是說話教室初級班的必修課程之一，其特點是幫助初學者輕鬆掌握說話技巧，讓原本不擅長說話的人，在短時間內也能說出一口漂亮好話。

「說話五步驟」的應用範圍廣泛，且方法簡單，舉凡公司會議、結婚典禮、迎新送舊、面試等，皆能派上用場。現在，讓我們一起來學習吧！

❶ 問候（依時間打招呼，並告知姓名）

「大家午安。」、「大家早安。」

「您好，我是剛才主持人介紹的王達仁。」

「大家好，我是達仁行銷公司的簡明雄。」

❷ 主題（說出主題）

「今天，我想跟大家討論員工旅遊的相關問題。」

❸ 內容（以三大點歸納）

「關於員工旅遊，需要討論的內容包括：地點、費用及天數。」

❹ 主題（再次重申主題）

「今天討論了員工旅遊的相關問題。」

❺ 結尾問候（表達謝意，感謝對方的聆聽）

「非常感謝大家的配合及聆聽。」

「說話五步驟」中的「❶問候」和「❺結尾問候」只有一種制式形式，在演說時不需特別準備，套用即可。**因為「開場白」與「結尾」存在的意義，只為了讓演說更完整，每次都使用相同的句子也無妨。**

至於「❷主題」在內容決定後，自然就會呈現，因此先思考「內容」比較重要。整體而言，只需思考「❸內容」，就是「說話五步驟」的特徵。

例如演說內容是「春天」，那「❷主題」就可說「今天想和大家聊聊春天」；若是職場的業務報告，主題就用「今天要進行業務報告」即可。

當「問候」▼「主題」▼「內容」都依序說完後，再接續「❹主題」和「❺結尾問候」。「重申主題」有強調的功效，讓聽眾留下深刻印象。

使用「說話五步驟」的最大好處，即演說聽起來會相當流利，不僅可清楚傳達內容，也會讓聽眾感覺你的準備充足或口條極佳。

善用說話版型，初學者也能完成演說

為了讓學生實際感受「說話五步驟」的效益，我通常會請初學者先構思演說內容，不過，他們總是抓不到重點，或是說到一半就詞窮，大多數的人都沒辦法好好完成。

這時，我請他們以相同主題，但套用「說話五步驟」的形式，再次演說。結果，每一位的內容都變得有條理、簡單易懂。

除此之外，「說話五步驟」也可幫助各位有效率地準備演說。**因為一旦使用固定形式，就不必費心思考開頭和結尾，可專心準備演說內容。**如此一來，就不必擔心內容空洞、準備時間不足而失敗。

隨意轉換話題，容易使演說內容失焦

我們都知道「起承轉合」是撰寫文章的形式，但這種形式並不適用於演說。因為在起承轉合中，「起」與「承」的下一個步驟是「轉」。「轉換話題」會打斷演說的邏輯和流暢度，使演說者的論調不一致。

雖然有些說話高手非常懂得善用起承轉合，來吸引聽眾的注意力，然而我認為這對初學者而言太困難了；初學者的目標，是說出一段完整且有重點的演說，「起承轉合」的演說方式，適合經驗豐富的演說老手，因為他們已懂得掌握演說節奏，因此即使中途轉換演說內容，最終仍可以將主題導回，不會模糊焦點，造成離題。

此外，就算學習再多技巧，容易緊張的人還是必須要克服在大眾面前說話的恐懼，才有辦法對答如流。因此，我強烈建議各位多把握上台說話的機會，以確認自己是否進步。

學會本篇的「說話五步驟」，再搭配實戰經驗，各位的演說內容一定會越來越豐富，成為台下台下都吸引人的說話高手。

Point

說話內容必須前後連貫，切勿任意轉換話題。

演說不是聊天，最忌偏離主題

內容請簡單扼要，建議分成三點說明

基本上，大家都不喜歡講話冗長又缺乏重點的人。不論是學校老師、職場上司、鄰居、朋友等，一旦講話冗長又沒有重點，坐在台下的聽眾也會心不在焉，暗自希望演說趕快結束。

或許演說者本身沒有意識到自己的廢話連篇，因此我們經常可以在演說場合發現，演說者獨自說的很開心，但台下的聽眾卻聽得非常痛苦。**切記，演說不是說給自己聽，而是台下的觀眾；公事的討論或開會也不是聊天，因**

此，請務必站在「對方」的立場思考，以免浪費雙方的時間。

那麼，具體來說應該怎麼做才好呢？這裡我將介紹說話「簡潔扼要」的兩大重點，希望能幫助各位釐清觀念，掌握「快、狠、準」的說話訣竅。

❶ 確立主題

和「說話五步驟」的道理相同，不論是何種形式的談話，確立主題都是首要目標，如此一來才能讓對方了解演說或談話的目的。例如：

「現在開始，總務部要說明目前遇到的問題。」

「十分鐘後要討論業績競賽的實施計畫。」

不僅如此，「確立主題」同樣適用於向主管報告。一開始就清楚點出

「目的」，例如：「部長，關於A公司發行的新商品，我想先和您討論。」可縮短彼此的時間與提升工作效率；而在私下交談的場合，也要先傳達目的，再進一步交談。例如：「關於下次開會的議題。」或「下個月的會議，我有提案需先討論。」

講話冗長的人，通常都喜歡在進入主題前，聊一些不著邊際或日常瑣事；**若在一開始就告知目的，自然就能順利切入正題，避免浪費時間。**

❷ 告知要點

確立主題後，再來便是告知要點。所謂的告知要點，是大略說明議題的流程，或討論次序。假設重點不只一項，可一次全部說完。例如：

「現在開始討論總務課當前的問題，包括：❶減少加班、❷提升每月結算速度，請就這兩點討論。」

「關於業績競賽的實施計畫，有兩點要先告知各位。主要是實施日程和目標設定。」

若是三分鐘的簡短說明，可省略告知要點；但若是十五到二十分鐘的長時間報告，告知要點有助聽眾掌握重點，避免因冗長的報告時間而分神。

演說要配合主題和要點，切勿離題

這樣的作法適用於各式場合。例如：和忙碌的上司討論問題時，事先表明要討論的重點有哪幾項，上司才會專心聆聽你的問題，否則很容易講到一半時，就被對方以忙碌為由，打斷話題。另外，告知的要點請整理在三點以內，太多會失去重點的意義。（在第八十七頁有更詳細的說明）

事實上，只要有明確的主題和要點，就算演說稍嫌冗長，聽眾依然能掌握整體的談話流程，不會因長時間的聆聽而分心。請各位務必多加練習「說話五步驟」，就能改善「說話冗長」的缺點，輕鬆說出簡單又能抓住聽眾注意力的好演說。

Point

一開口就「表明目的」，可幫助聽者快速進入主題。

如何自我介紹，拉近彼此關係？

帶有幽默感的說明，最容易被記住

許多人不知道該如何「自我介紹」，說完姓名、職業、興趣後，就不知道可以說什麼了。在我開設的說話教室中，也有許多不懂得如何自我介紹的學生，大部分的人都是說完名字後就結束話題，實在很可惜。

「自我介紹」顧名思義就是要將自己介紹給別人認識，多半是針對初次見面的對象進行，用意是讓對方了解自己，營造拉近彼此關係的契機，以獲得對方的青睞。

因此，帶給別人「開朗、友善、值得信賴」的好印象非常重要。隨便講幾句話就結束，不但無法獲得青睞，還可能留下「冷漠、不積極」等負面形象，得不償失。此外，自我介紹又分為「一對一」或「一對多」等情況，但不論人數如何，其用意都一樣，必須在對方心裡留下深刻的第一印象。

因此，下列是自我介紹的五大重點，包括：

❶ 不要誇耀自己

大家都認為自我介紹，就是要好好展示自己的優點，其實，有實反而容易造成反效果。以下為錯誤示範：

✕「我畢業於台大，之後進入台積電上班，很快就升到現在的位置。」

✕「我的同學是藝人，在國外出道了！」

也許說話者沒有炫耀的意思，但聽者可不這麼認為，會覺得對方在炫耀，驕傲自滿，招致反感。不妨適時加入一點自嘲，對方反而會覺得你是一個有趣的人。想獲得對方的青睞，試著調侃自己也是不錯的方法，但切記適可而止，玩笑開太大，易留下輕浮、不老實的印象。

❷ 長話短說，控制在兩分鐘內

基本上，自我介紹並沒有硬性規定長度，但就如同前文提及的，冗長的談話會使聽者失去耐性，留下不好的印象。因此建議選擇一至兩個重點說明，即是理想狀態。

再者，自我介紹是「講自己」的事情，所以容易陷入「自己越講越開心」的局面。建議平日練習時，配合實際的時間測試，盡量在兩分鐘內結束。只要多練習幾次，自然能掌握最合宜的自我介紹時間。

❸ 盡量不要提聽者不知道的事情

要選擇聽眾容易理解的資訊，最好不要提及專業領域的術語，或個人私生活等細微瑣事。

像是在聯誼場合談論工作內容，對方也聽不懂你在說什麼。另外，在非必要的場合搬出專業術語，也會留下賣弄學問的負面印象，應盡量避免。

❹ 容易被誤會的名字，可補充說明

姓氏較特殊或容易被誤會的名字，建議在提及時，不妨多加一句補充說明，方便聽者理解。

像「王」沒有和其他姓氏的讀音相同，就不需額外解釋；但如果姓氏的讀音容易混淆，建議要補充說明。例如「陳」和「程」，前者可以說「耳東

陳」；後者則可以說「工程的程」；或者「吳」和「巫」，前者可以說「口天吳」；後者則可以說「巫師的巫」。

多補充說明一句，除了避免被誤解，也能讓對方更容易記住自己的名字，留下深刻印象。

5 笑容滿面、朝氣十足地介紹

這是演說的基本條件。在陌生人面前自我介紹，任誰都會緊張，容易表情僵硬膽怯，聲音變小。因此，請有意識地提醒自己：保持笑容、朝氣十足，充滿自信地自我介紹，即可帶給聽眾好感。

當你表現得越有精神，對方的印象也就越深刻。

可依姓氏特徵，構思特別的介紹方式

下列將介紹幾個有趣的方法，讓各位在介紹姓氏時，能在對方心中留下深刻印象，完成有特色的自我介紹。

●**唐**▼大家好，我姓唐。人如其名，我對女孩子特別甜蜜哦！

●**盧**▼我姓盧，不是蘆洲的蘆，而是盧森堡的盧，請大家別忘了。

●**江**▼我是三點水的江哦！

●**彭**▼不是澎大海的澎，沒有三點水。

●**余**▼我姓余，和美味的魚同音，只是我不能煮來吃。

最後的例子，是我的朋友在大學新生訓練時的自我介紹，他一講出這句

「自我介紹」的五大重點

❶ 不要一直炫耀自己的事。

❷ 長話短說，控制在兩分鐘內。

❸ 盡量不要說個人私事或專業術語。

❹ 容易被誤會的名字，可補充說明。

❺ 笑容滿面、朝氣十足地介紹。

話，就引起全場哄堂大笑，直到今日，我仍記憶猶新，印象特別深刻。透過這種方式自我介紹，就算你是菜市場名，大家也會馬上記住。

在職場上難免會碰到同名或同姓的人，只要稍微花點心思，就能讓他人快速記住你的名字和長相，留下好印象。

請各位仔細思考適合自己又有趣的姓氏介紹，擺脫一成不變的無趣介紹，快速被眾人記住吧！

Point

在自我介紹中加入諧音、雙關語，可快速被記住。

自我介紹要簡短，並融入個人特色

依「場合」修改內容，最忌自賣自誇

我只要聽完一個人的自我介紹，就能判斷這個人的個性與職業。其實，自我介紹就是短時間的演說，因此，是否有認真準備、思考這幾分鐘的內容，其表現出來的效果，會有很明顯的差異。

事業有成、凡事全力以赴的人，只要一有機會上台說話，就不會錯失任何機會。其實，自我介紹是一個直接推銷自我的場合，更該全力以赴。有時候，透過充滿個人魅力與特色的自我介紹，可使他人留下深刻印象，甚至開拓意想不到的人脈與錢脈，請一定要把握。

不過，過度推銷自己反而會留下壞印象，因此，建議使用簡潔又有特色的自我介紹，清楚拿捏界線。此外，也可運用「說話五步驟」來構思自我介紹的內容，如下：

❶ 開場問候

「大家好，我是○○○（全名）。」

❷ 主題（題目）

「請容我先介紹自己。」

❸ 內容

可談論的內容包括：簡歷、公司名稱、職業、職務內容、出身地、畢業學校、年齡、立場、地位、參加目的、動機、期待感、抱負、住址、家族、興趣、現況等。內容建議以「抱負」和「決心」為主，藉此尋求聽眾的指教或建立良好關係。例如：

「今後希望能與大家和睦相處，請多指教。」

「請大家不吝給予建議。」

「相識即是緣分，請大家多多指教。」

「我會全力以赴，請多指教。」

❹ 再說一次主題（重申題目）

「感謝大家讓我有介紹自己的機會。」

⑤ 結尾問候

「感謝大家的聆聽。」

由此可見，「說話五步驟」的最大特色，就是可適用於各種場合。例如，若是公司內部的聚會，就可省略所屬單位或公司名稱；但若是公司以外的聚會，就必須「清楚表明身分」較佳。讀者可依不同場合，自行調整自我介紹的內容。

有特色的自我介紹，易使對方留下深刻印象

「但是，流於公式化的自我介紹，能突顯個人特色嗎？」

或許大家心中都有這樣的疑問，如果每個人都套用「說話五步驟」，不覺得稍嫌死板，了無新意嗎？

其實，各位不須過於擔心，只要懂得靈活運用就沒問題。

例如，若是前一位介紹者，從「學歷」開始介紹，你不妨從「家庭成員」開始介紹；另外，若是私人聚會，可省略職業和學歷，著重介紹參加目的和個人嗜好，更能引起與會者的興趣。

此外，若是公司內部的自我介紹，建議可多提一些興趣或專長，也會有意外的效果。若只單純說明進入這家公司的原因、工作目標等，聽起來會像面試一樣死板，建議選擇輕鬆愉快的話題，突顯個人特色。

也可在介紹中加入俏皮話，炒熱氣氛

有時候，稍微開點小玩笑也沒關係，例如：「現在很流行做手工麵條，但我的興趣不是自己動手做，而是負責吃。」若能引起其他人的興趣，這樣的玩笑策略就成功了。

簡而言之，**自我介紹的成功關鍵，就是依「場合」調整說話內容，**「說話五步驟」只是自我介紹的框架，請自由填入適當的內容，打造最具特色的自我介紹。

Point

依「場合」調整自我介紹，使內容更豐富。

如何透過一枝筆，開啟話題？

外型、顏色、長度，都是閒聊的素材

擅長演說或口才好的人，都有一個共同特徵，即懂得如何利用一個物品或一件小事，開啟一連串聊不完的話題。

我的胸前口袋永遠都放一枝原子筆，這枝原子筆是我與陌生人拉近距離的最佳「夥伴」。你或許會認為，不就是一枝筆嗎？可以聊什麼呢？

的確，不擅長說話的人，只會說「這是一枝○○牌的筆」，然後就無話可說，結束談話。當我問他們「為什麼不說得仔細一點呢？」多半的回答都

是「不知道還可以說什麼。」

其實，這是一個錯誤的觀念。並不是因為腦中沒有內容，或是口才不佳，而是沒有「仔細觀察」這枝筆，我們只要將筆的外型、圖案、色澤等，轉化成「語言」即可。包括：這枝筆的材質是金屬或塑膠、是什麼顏色、長度有多長、重量有多重、是否好書寫等。

例如：「讓我來說明胸前的這枝筆。這枝筆長約十公分，直徑五公釐左右，非常適合男性使用，握在手中書寫的長短剛好。筆桿的主色是茶褐色，前端和尾部有金色的鑲邊。使用時，只要壓下上方按鈕，筆尖就會自動彈出，非常方便，適合商務人士。」

如何透過物品，提升表達力？

例如，可以從什麼角度描述「一枝筆」？

學會從「不同角度」觀察同一件事物，可使說話內容更具深度與內涵。

從原子筆的「長度、顏色、使用方式」等分別介紹，就能豐富說話的內容，避免一句話就結束話題。而原子筆的的製造商、墨水顏色或字體粗細，也是話題的素材。此外，原子筆的「便利性」、「購買地點」、「價錢」等，其他無法從外觀上得到的「隱性資訊」，也是不錯的話題選擇。

在聊天的過程中，提到越多「資訊」，對方的選擇就會變多；之後，再從中挑選他有興趣的資訊，繼續提問。如此一來，自然就能延長聊天時間，不會因冷場造成雙方的尷尬。

多用形容詞描述，方便聽者聯想

想要拓展話題，不單只是增加資訊來源，更重要的是如何具體說明、形容資訊內容。例如，當你看到貼在牆上的月曆時，不妨這樣說：

「四月的月曆照片是櫻花，照片中約有二、三十株的櫻花並排盛開，非常漂亮。在櫻花樹下有一片綠草，像草皮般鋪滿整地，和粉色的櫻花形成強烈對比，實在是太美了！」

這樣即是一段清楚又具體的資訊說明。當我們營造一幅畫面給聽者時，或許就能勾起對方某次的出遊經驗，進而與你分享當時的行程、天氣或心情等。如此一來，話題就可以不斷展開。

透過收聽廣播，也能增進表達力

此外，我也建議大家平日有空時，可多收聽廣播，聆聽主持人是如何形容各種資訊。例如：「我手上有個袋子，大小約三十公分，約三公斤重。請試著想像三公斤的白米。」不同於電視，廣播只能用聽的，所以主持人多半非常擅於使用具體的文字，描述各式資訊。只要多練習，語彙的表現能力將大幅進步，說話自然動人。

各位不必想得太複雜，剛開始時，想到什麼就盡量說，久而久之，就能在腦海中快速編排演說內容或話題。

很多時候，不是我們「不會說話」，而是「不會觀察」，進而錯失許多開啟話題的機會。只要願意多花一點心思，仔細觀察周遭的人、事、物，想要和對方有聊不完的話題，或一開口就吸引人，絕非難事。

Point

練習從「不同角度」描述相同事物，提升說話力。

說話的重點，「三個」就好

「三」是容易記憶的數字，超過就顯得冗長

雖然在「說話五步驟」的「❸內容」中，可自由加入許多主題，但是我建議各位，將想說的內容歸納成「三個重點」就好。

例如，若是討論公司內部的成本精簡方案，不妨以「目的、目標、方法」依序說明，切記，這類型的會議，不需提出個人感想，或是整體經濟環境等問題，避免偏離主題，無法有效地討論會議重點。

因此，在發表重要事務時，請盡量歸納成三點。不過，為什麼要歸納成

「三點」呢？有以下三個理由：

❶ 留下「完整」且「經過整理」的好印象

將內容歸納成三點，會給人有條理和準備充足的印象。如果只歸納成一到兩點，會讓人覺得準備不足或有所遺漏；但若歸納成四點以上，又會給人「似乎都是未經消化整理的資訊」，**尤其在時間有限的開會場合，超過三個重點的發表，易顯得冗長。**

例如，當我們在會議上討論是否採用「A案」時，一般只會有「採用A案」或「不採用A案」這兩項，但其實加入「對A案進行部分修正」也是可行的。換言之，會議上若有三個選項，可避免「非黑即白」的武斷決定。

話雖如此，選項絕非越多越好。假設多了「B案」這第四個選項，可能會多出「採用B案」、「A＋B案」或「對B案進行部分修正」等多個選項，如此一來，不僅將拉長開會時間，最終也可能無法有明確結果或定案。

❷「三」有某種特殊韻律

在日常生活中，很多東西都和「三」有關，例如獎牌分為金、銀、銅三色；形容空間有所謂的上、中、下；時間有分過去、現在、未來等，很多事情都是用「三」來區分與表達。此外，三角形給人穩定的感覺，不論是轉向任何一邊，都可以保持視覺上的穩定平衡。

或許是因為上述原因，「三個重點」講起來特別順口，又容易掌握。

❸「三」是容易記憶的範疇

運動比賽的得獎名次，大家是不是只記得前三名，第四名以後的就不記得了呢？小時候幫媽媽跑腿買東西，如果忘了用筆寫下來，應該也只記得前三樣該買的東西吧！就算長大了，也會發生剛好經過文具店，想起要買藍筆、紅筆、報告用紙等，但明明還有一、兩樣要買的物品，卻怎麼也想不起來，相信大家都有類似經驗吧！

換言之，人類的短期記憶，最多只能記住三件事，超出三件事後，就很容易忘記。因此，我認為歸納成「三點」的說話方式，是最好的方法。只要將內容歸納成三點，就能豐富演說內容，讓聽眾更容易理解。

Point

說話內容不宜過長，歸納成「三點」最剛好。

第3章

牢記七大法則，再也不因緊張而失言

製造說話機會，口條一定會進步

經驗要靠累積，多開口才能找出錯誤

很多人以為，只要去上說話課，就可以變成「說話高手」；其實，他們犯了一個致命的嚴重錯誤：如果平日不多練習說話，永遠都不會進步。

要理解老師教授的「說話技巧」並不困難，問題是，單純理解這些原理，卻不主動開口練習，再完美的理論，如果不配合實踐，也毫無意義。

我在課堂時，最少會要求每位同學必須「上台演說」三次。演說內容包羅萬象，包括：自我介紹、週末生活、旅遊經驗或社會時事等；偶爾也會請他們朗讀小說、新聞或天氣預報等，藉由各式主題鍛鍊說話能力。

朗讀報章雜誌，也能增進說話力

或許你會懷疑，朗讀文章也能鍛鍊說話力嗎？其實，不擅於說話的人，連站在大家面前朗讀也會緊張；因此，「朗讀」能幫助克服上台時的恐懼。因此，就如同「只要多開口練習說英文，英文能力自然會進步。」的道理，**想要克服緊張，提升說話力，就必須多「開口練習」**。

Point

請給自己練習說話的機會，理論要實踐才有意義。

融入生活經驗的演說，能引起共鳴

分享自己的事，才是有特色的談話

你是否也常聽別人說：「會說話的人，一定讀很多書，所以才能出口成章。」但我認為，讀很多書不等於會說話，這兩者沒有絕對的關係。

也許各位會覺得，自我介紹或結婚典禮的演說，若無法引經據典，似乎不夠氣派或專業；但事實上，聽眾並不想聽這些咬文嚼字的內容。究竟應該說什麼，才能吸引聽眾的注意，被認為是「會說話」的人呢？

其實，我們的腦中早已儲存許多聊不完的話題，只是自己尚未發現。

一個人活了二、三十年後，就算個性不是充滿冒險精神或勇於嘗試，也一定擁有許多人生經驗，值得被分享。例如：學生時代和朋友的回憶、剛進公司時的青澀、難以忘懷的失敗經驗等。

關於自己的知識和經驗，才是獨一無二且能引起他人興趣的內容，這些「話題」才是真正具有特色的題材。

融入自我經驗，最吸引聽眾

擔任結婚典禮的致詞人時，先不要急著說一堆祝福新人的吉祥話，請先整理自己與這場婚禮的「關聯性」，例如：與新娘或新郎的友誼和回憶、自己眼中的新郎或新娘是什麼樣的人，或自己對於「結婚」這件事的看法等。

如果覺得單純分享自身經驗仍不夠豐富時，再輔以其他的知識訊息，例如：夫妻間的相處之道、婚姻的真諦等。不過，若無法將訊息轉換成自己的話，拚命收集或閱讀再多資料也無用，建議不如把心力放在充實自我經驗上，才是有效提升說話力的方式。

我認為，知識量的多寡和口才的好壞沒有絕對關係，**「生活經驗」和「臨場表現」才是演說是否吸引人的決勝點。**

如何用自己的方式，表達自我的特殊經驗才是重點，不要試圖說一些譁眾取寵、不著邊際的內容，不僅冗長，也會使聽眾失去興趣和耐心。

Point

與其收集外來的資訊，不如多談論自己的經驗。

透過「假想練習」，提升說話力

先在腦中預設突發狀況，以備不時之需

我想除了我這種以「上台說話」為職業的人外，大部分的人應該很少有機會，站在廣大的聽眾面前說話吧！因此，如果突然被要求站在一百多人的場合中，來一段即席演說，任誰都會不知所措吧？雖然這種機會不常發生，但若真的發生，想必各位也會想好好表現，避免失敗。

因此，隨時準備好上台的心情，就能輕鬆應對各種突發狀況。

參加說話課，也是「做好準備」的方法之一。透過每週固定的上課時

間，增加開口說話的機會，如此一來，就算突然被要求上台演說，也不至於驚慌失措，完全不知道該說什麼。

「上班忙得要命，哪有時間上說話課呢？」如果你是每天時間都不夠用的大忙人，請一定要詳讀下列文字。這是我專門為忙碌的各位所設計的訓練方法，請務必親自嘗試，感受其中的變化。

經常在腦中練習說話，增進表達力

這個訓練方法，我稱為「假想練習」。也就是預設演說的場合、時機、主題等，讓自己在「腦海中」練習說話。

例如，參加公司的迎新會或結婚典禮的前一晚，睡前應該會先思考「明天要擔任什麼角色？」、「該說些什麼？」、「需要自我介紹嗎？」等問題，這就是「假想練習」。

一般來說，如果需要在重要場合發表演說，通常都會事先準備，包括：擬定講稿、預設場景、思考突發狀況或演說時間的長短等。

我認為這樣的「事前準備」，不應該只侷限於「真的」有正式演說前，而是必須隨時準備好，以備不時之需。

每天為自己設定一個場景或主題，思考「如果突然要發言，究竟該說什麼？」也就是說，透過「想像力」提升說話力，這就是「假想練習」。

事前做好準備，就能萬無一失

雖然事前準備充足，也不一定能有機會發言；不過，我相信總有一天可以派上用場。況且，事先準備總比事後感到懊悔好。

很多時候，上台的驚慌失措，都是因為平日的準備不足所致。因此，只要準備充足，一旦機會來了，就能好好表現，不錯失任何機會。

建議各位，有機會就多進行「假想練習」，提升說話力、組織力和邏輯力。久而久之，準備演說的速度也會變快，說話力亦將大幅提升。

Point

隨時做好準備，臨時上台也能不怯場、緊張。

四個步驟，「拒絕」也不惹人厭

拒絕有技巧，最忌「直接說不」

假如某天主管突然問你，今天是能否留下來加班，但偏偏你有重要的約會。在這樣的情況下，該如何拒絕加班又不得罪主管呢？

不得罪人的拒絕方式，關鍵在於表現出「顧慮對方的感受」，而不是單純地說「不」。下列將教導大家「如何聰明拒絕」的技巧，只要四個步驟，不僅不會得罪對方，甚至還能獲得好感。

步驟❶ 道歉

拒絕的第一句話就是「真的很抱歉」或「不好意思」。

或許有些讀者認為，「我又沒做錯事，為什麼要道歉啊？」因為拒絕對方的請求，多少會造成一些不愉快。先道歉的用意在於，清楚表示自己無法達成對方的期待，希望取得諒解。

步驟❷ 說明理由

說明理由和找藉口不同。理由不需過於冗長，直接簡單表明即可。例如：「之前我已答應家人，今天要陪伴他們，實在無法加班。」若不說明理由，就好比在說「老子不爽工作一樣」。

但若只說「無法加班」，沒有說明任何具體理由，不僅沒說服力，更容易得罪他人，造成誤會，甚至對未來的工作造成影響。如果你今天很累，想早點回家休息，不妨以「今天我不太舒服，可否早點回去休息？」說明。

步驟❸ 提供替代方案

就算自己無法加班，也應該依加班內容或日期，提供替代方案。例如：「明天我有空，可以留下來加班」，或請其他同事幫忙，絕不耽誤工作進度。提供多種替代方案，供對方選擇，除了表明對工作的關心和重視外，也是為對方找台階下，避免造成尷尬場面。

步驟❹ 表示關心

隔天見到主管時，記得先為昨天的先行離去，再次道歉。**最好在對方開口前，先主動道歉，這是很重要的步驟。**必須讓主管知道，自己並非故意不加班，仍然非常重視這份工作。

溝通時，必須兼顧雙方的感受

一段好的溝通，過分以自己或對方為重，都不是好事，應兼顧雙方的感受。拒絕時，要傾聽對方的要求，也要明確表達自己的立場。**不過於卑微，直率地表達自己，並顧及對方的感受，即可避免不必要的摩擦。**

千萬不要因怕拒絕而過意不去，便隨口答應「下次一定會幫忙」。這種讓對方懷抱希望的態度，會造成過度期待，如果你再次因事無法幫忙，只會使對方徹底失望，導致關係惡化。

Point

兼顧彼此的感受說話，才是良好的溝通。

如何成功拒絕，又能不傷感情？

先道歉再說明原因，就算拒絕也不惹人厭。

STEP❶ 道歉

用道歉的方式，表示無法達成對方期待。

STEP❷ 說明理由

簡短描述拒絕理由，理由依對象或狀況調整。

STEP❸ 提供替代方案

提供替代方案，以表示對工作的關心與重視。

STEP❹ 表示關心

拒絕的隔天，要主動向對方再次道歉。

如何利用三張椅子，成功交涉？

平時維持良好關係，自然有求必應

委託或談判時，設身處地為對方著想，是成功的關鍵。

但是「設身處地為對方著想」是非常抽象的概念。因為一般人總會以「最有利自己」的思維，進行任何溝通上的委託或談判。

因此，我最常用的方式就是準備「三張椅子」：自己的椅子、對方的椅子，及第三者的椅子。請務必「實際」準備三張椅子，不要憑空想像。

首先，請坐在「自己的椅子」上發表意見。例如，本來對方跟你約好下週交貨，但你想改成本週。此時，你必須先向對方說明理由，即「真的很不好意思，公司臨時決定提前發售，只好委屈你們多幫忙了。」

接著，再請坐上第二張椅子，思考對方可能會說什麼。例如，「不行，你這樣我很困擾。我們公司已卯足全力，全員加班，沒辦法更快了。」

最後，再坐上第三張椅子，從第三者的立場，客觀分析前面的對話。例如，「你認為提前幾日交貨應該不成問題；但是對方不這麼想，不要說提前一週，提前一天都可能造成對方的困擾。」

除了替對方著想，也需提供其他誘因

藉由在三張椅子間移動，能使我們更容易理解對方，確實站在對方的立場，思考問題。如此一來，便可提出雙方都能接受的方案，而不是自私地表達自我主張。

因為大多數人在委託或催促對方時，都只想到利於自己的理由。只要我們經常練習，就可避免造成凡事「以自我為中心」的自私形象。

如果已確實站在對方的立場思考，卻無法達到目標，不如增加其他誘因，讓對方接受。例如：增加酬勞或提供下一筆訂單。

不過，這一切必須在正式委託或交涉前準備好，並預想對方會委婉拒絕、還是堅定拒絕？會很乾脆地接受、還是很勉強地接受？各位務必要事先假設各種可能狀況，才能找出成功交涉的方法。

維持好關係，比任何高明話術都有效

其實，**一個成功的委託或交涉談判，關鍵在於「與對方平日關係的維繫」，這點比任何高明的話術都重要。**如果雙方平常的關係良好，哪怕是稍嫌困難的委託，對方也會看在你的面子上大力幫忙；相反的，如果彼此的關係並不親密，被拒絕也是理所當然，是無法改變的事實。

因此，若在雙方關係不親密的情況下，除了拚命低頭拜託外，也沒有其他更好的辦法。我建議，平日就應該與與合作伙伴維持良好關係。當突發狀況來臨時，就算沒有開口說任何一句請託的話，對方也會樂意幫忙。

Point

先了解對方的想法，才能達成交涉目的。

傾聽時，請把發言權留給「對方」

搶話、心不在焉，都是錯誤的方式

溝通時，通常只會顧及自己，容易陷入「自己的世界」中，只站在自我的立場思考，想著該如何表達，才能說服對方。

不過，單方面表達意見稱不上良好的溝通，必須了解雙方的需求，一來一往，才是真正的溝通。因此，**仔細傾聽對方的需求，也是溝通的技巧。**

問題是，單純聽對方的話，並不是傾聽。要成為一名好的傾聽者，也必須經過訓練。

五個技巧，教你成為最好的傾聽者

以下我將介紹五個傾聽的技巧，幫助各位成為最佳的傾聽者。

❶ 抱持尊重的態度，傾聽對方說話

傾聽的關鍵之一，就是「尊重對方」。如果沒有尊重對方的心意，就會表現出不耐煩或興致缺缺的態度。

傾聽前，記得先中斷所有工作，好好面對當事人。一邊打電腦、一邊傾聽，對方也會失去說話的意願。即使對方是你的部屬，也要秉持平等對待的敬意。就算你覺得對方的問題沒什麼大不了，但或許對他本人而言，是非常苦惱的事，不如想像中容易解決。

也就是說，任何人都不該用自己的標準，評斷對方的問題和感受。

❷ 不要急著否定，請先了解對方的心情和想法

這是傾聽對方談話時，最重要的一點。

不管任何時候，都請先靜下心傾聽，不要馬上否定對方的想法；就算你想發表任何反對意見，也請等對方全部說完後再提出。就算要事後議論，也要先了解對方的想法和心情，再下結論，這點非常重要。

此外，良好的傾聽不代表「我懂你」，所以千萬不要隨便說出「**我懂你的心情**」。有時，了解彼此的「不同」想法，也是理解對方的第一步。

❸ 不任意打斷對方

千萬不要在對方說話時，中途打斷，這是非常沒禮貌的行為，但很多人沒辦法遵守這一點。

有時聆聽對方說話，我們會不自覺地高談闊論，結果對方反而變成傾聽

的角色，對吧？就算你把想說的都說完了，但對方的心情依舊鬱悶，無法解決任何問題。

雙方交談時，我們應該先讓對方把話說完，等待適當時機再開口。

❹ 對方沒開口前，不要擅自提供意見

當對方想找人商量事情時，我們往往會自作主張，提供各種意見。但有時候，對方說不定只是「想找個人說話」。

許多人表面上說要找朋友商量，其實他們不是真的需要意見，而是希望別人認同自己的想法。其實，大多數找朋友商量煩惱的人，內心早有定見。

因此，唯有當對方開口要求你提供意見時，再表明「想法」即可。例如，部屬跟你說「我很困擾啊，課長您認為該怎麼辦才好呢？」這時就是表達意見的好時機。

❺ 不要隨便鼓勵或安慰對方

我們通常都習慣在對方煩惱時，用積極正面的言語來鼓舞對方，例如，「加油，你一定辦得到」、「這次沒有成功，下次再努力就可以」等。不過，如果對一個已經很努力的人說「加油」，等於是在逼死他。這句鼓勵話，甚至有可能成為「壓死駱駝的最後一根稻草」。

他已經開始鑽牛角尖，認為「自[illegible]時你若再補上一句「加油」，只會讓他的心情更沮[illegible]議還是單純傾聽，先別開口說話。

不要只傾聽，偶爾也得適時附和

有時候，溫言慰勞對方的辛勞，讓[illegible]有知音相伴，也是一種鼓勵方式。除此之外，傾聽時，千萬不要默不作聲，偶爾加幾句「附和的話」也很重要。這樣對方才會願意開口，老實說出煩惱。

總之，當一個稱職的聽眾也需要努力學習。具備傾聽能力的人，也可說是溫柔、堅強、冷靜的人吧！

Point

耐心傾聽，才能打開對方的心房。

以問題取代命令，讓部屬動起來

請求幫忙，比指令更有效

提問能力，也可說是駕馭對方的能力。

以往主管對部屬提出指示時，都是用「命令」的方式，現在則「詢問對方能否幫忙」，藉以誘導對方思考後主動答應。

人類天生就有反抗的天性，尤其被命令時，越會想反抗。不過，如果聽到對方「請求幫忙」，態度將完全不同。因為人的另一個天性就是：助人為快樂之本。**善用人性的特點，來改變說話方式，做任何事都將事半功倍。**

想尋求協助時，不妨試著丟出問題，再讓對方主動回答。這麼一來，對方會認為這是「憑自我意志決定的事」，反而會採取更積極的行動。這就是藉由「提問」，讓部屬自動自發的技巧。

在職場上，好主管應該是用「提問」的方式，給予部屬動機，並藉此讓他們發揮實力。從古至今，擅長提問的人，其工作能力亦很優秀。

多發問，才能找到問題點

要成為說話、問話高手，或是擅於指導部屬的主管，最快的方法就是「不斷詢問對方」。

剛開始提問時，很容易變成唱獨角戲的情況。例如，「這是我的想法，你們覺得呢？」台下可能會一片安靜。但是，只要多練習幾次，就能配合狀況，提出精確的疑問，部屬也會習慣主管「提問式」的領導方式。

如今，職場上不斷命令部屬的時代，已經過去了；從現在開始，會提問才能帶人，更是成功領導人的必備條件。

Point

透過「好問題」取代命令，引發部屬的行動力。

活用萬用演說稿，一上台就吸引人

內容離題、太少，皆無法吸引聽眾

在前文中，我們討論了許多關於「如何吸引聽眾」的說話法。但是，如果你希望演說不枯燥乏味、聽眾不會感到無聊，請一定要活用下列的「萬用演說稿」。這是我以五種常見的演說主題為例，標出最容易犯的錯誤，並將修正內容列於後方。讀者可依需求，檢視錯誤並適時調整講稿內容，亦可直接套用，非常方便。

錯誤案例 1 ▶ 內容太少、前後不連貫

主題▼我的未來

我目前沒有工作，被公司裁員已經半年了。大家都說「一直不工作怎麼行呢？」不過，我也不是都在玩，其實我現在每天都有去上氣功課，感覺十分充實。我認為所謂的未來，就是當下的累積，如果現在沒有發光發熱，未來也不可能有希望。因此，我認為把握當下生活，就是最好的投資。

酒井老師的建議

對初學者來說，進行三分鐘的演說並不容易；雖然已經很努力地延長時間，多說一點，但還是會給人一種毫無重點、草草結束的印象。

這段演說的問題在於，「整體的演說長度太短了」。此外，演說者提及

的「未來」和前半段內容沒有明確的關聯性，導致演說內容不夠具體，無法講滿三分鐘。

讓我們先回到主題，找出幾個不同的角度和觀點吧！

例如，以「未來想考取會計師資格」開場，若從獨立開業的角度來談論，又該怎麼說呢？

「我想在三十歲前考取會計師執照，接著成立自己的事務所，因為我想擁有自己的事業。至於會選擇報考會計師的原因，是因為小時候曾學過珠算，我很喜歡計算數字。」

像這樣思考一個答案的不同角度和觀點，就能增加內容的具體性，延長演說時間。

至於這個案例，可以從「在氣功教室學什麼？」「為什麼要學氣功？」等角度，具體歸納整理內容，並增加連接的轉折詞，避免語句不連貫。接下來，是我以「說話五步驟」修正後的內容，請大家也試著練習。

修正版

問候 大家好，我叫王仁達。

主題 今天，我想與各位談論「我的未來」。

內容 我目前沒有工作，被公司裁員已半年。大家都說，一直不工作怎麼行呢？不過，我也不是整天遊手好閒。其實，我現在正在學氣功，學習如何成為一位氣功專家。我想學氣功的理由是：調劑身心平衡。這一點對我而言，非常有吸引力。

現代人生活忙碌、壓力大，致使身心失調，健康亮紅燈。若能成為氣功專家，就能幫助更多人脫離壓力、煩惱，我想這會是一件相當快樂的事。

我喜歡幫助別人，所以才到氣功道場學習。換句話說，我希望未來能成為一名專業的氣功專家，幫助身心失調的人們恢復健康。為此，我現在正努力學習，朝這個目標邁進。

主題 今天，很榮幸有機會與大家分享「我的未來」。

問候 感謝各位的聆聽。

錯誤案例 2 沒有特色，內容乏善可陳

主題▼勉勵新進員工

恭喜各位進入本公司，我叫林文德，請多指教。有了年輕伙伴的加入，相信本公司也會更有活力。不過，目前台灣的經濟狀況不是很好，全球的經濟市場也持續衰退中，因此，如何活用當今世代的主要傳播媒介——網際網路，將決定公司未來的經營走向。

我期待各位，早日成為獨當一面的商業人才。大家一起努力吧！

酒井老師的建議

這個演說的最大問題，就是過於「陳腔濫調」，沒有當事人的觀點，毫無特色。「陳腔濫調」是最無趣，也是聽眾最不想聽的內容。

如果各位認為，一場好的演說應該保持中立理性，不帶個人見解，那可就大錯特錯了。聽眾最感興趣的，其實是演說者的個人經驗和意見，這才是有特色的內容。簡而言之，**請各位說出自己的真實想法、經驗、觀點，不要一再重複陳腔濫調，大家都知道卻愛莫能助的事實。**

例如，不要討論「世界局勢」，這種大家都知道且無法立即改變的事實；面對新進員工，不如分享自己剛進公司時經驗，不但可拉近彼此間的距離，演說內容也會比較活潑。

以下是加入「個人特色」後的修正案，建議可加入菜鳥時期的經驗、工作的成敗、個人對工作的看法等，以豐富內容。

修正版

問候
大家好，我叫林文德。

主題
身為各位的前輩，很高興有機會和大家聊幾句經驗之談。

內容
首先，恭喜各位進入本公司。年輕伙伴的加入，相信能讓本公司的氣氛和組織更有活力。我進入公司三年了，目前在總務部從事一般事務工作。我剛來時，也什麼都不懂，全賴前輩細心指點。前輩要處理自己的工作，還得花額外的時間，費心照顧我，真的十分辛苦。然而，前輩總是仔細解答我的所有問題，沒有半句怨言。我們公司的前輩，個性都相當溫柔，過去我受到前輩的恩惠，現在也想回饋到各位身上。

因此，各位不必擔心，有什麼不懂的地方，歡迎向我或其他前輩詢問，我們一定會盡全力幫忙。與其獨自煩惱工作上的問題，不如找我們商量，集思廣益，努力解決各種難題吧！

主題▼這是我在當新人時的領悟，供各位參考。

問候▼謝謝各位的聆聽。

錯誤案例 3 ▼缺乏條理、不知所云

主題▼美麗的花

看到漂亮的花朵，自然會想到「美麗」。

熱情的紅玫瑰，純白的蝴蝶蘭。

花朵有治癒心靈的魔力。

與其說這是演說，不如說是詩歌朗讀。由於內容過短，聽眾根本聽不出演說者想表達什麼。此外，上下文沒有連貫，內容缺乏條理和關聯性，是這段演說最大的敗筆。

或許演說者本人了解這三者間的相互關聯，但是，若無法順利傳達給聽眾，就會成為「不知所云」的演說。解決方法很簡單，只要利用歸納整理，便能釐清及掌握演說的重點。

這段演說之所以「不知所云」，是因為沒有提到「為何紅玫瑰和蝴蝶蘭有治癒心靈的功效？」這正是造成前後文不連貫的原因。只要補足這部分的缺失，就是一段流暢的好演說。

修正版

問候 大家好，我叫白雅言。

主題 今天，我想和大家談論「花」。

內容 看到漂亮的花朵，我們自然會有「美麗」的感覺。花朵帶給我們視覺上的享受，但其功效並不只如此。有時，花朵也能撫慰我們的心靈。意志消沉時，只要觀賞熱情的紅玫瑰，心情就會變得開朗；欣賞蝴蝶蘭的純潔外表時，也能消除內心鬱悶。花朵具有治療心靈的神奇力量，因此對我而言，「花」是生活中不可或缺的心靈補給品。

主題 關於「花」的演說到此結束。

問候 謝謝各位。

錯誤案例④ 內容曖昧籠統，前後矛盾

主題▼我的健康養生法

平時我並沒有特別注重健康養生，所以，也很難說出明確的方法。不過，我想談論一下今後打算怎麼做，使自己的身體更健康。

誠如我方才所言，我沒有特別注重健康養生之道，但身體也沒有出現什麼大毛病。流感肆虐的時候我也不會被傳染，身體也沒有痼疾。但我體力較差，容易感到疲勞。以前只要稍微運動一下，隔天就會肌肉痠痛。

為了鍛鍊體力，最近我開始參加網球課。剛開始練習時，我也不敢說自己的體力已大幅提升，但至少暫時解決運動量不足的問題，再加上能有效紓解壓力，因此我打算持續練習。

此外，我固定以捷運通勤，也很少活動身體，因此，未來想嘗試健走。

酒井老師的建議

這段演說的問題在於，話題沒有一致性，過於籠統，給人曖昧不明的感覺，前半段和後半段的內容也相互矛盾。這可說是初學者的通病。

一開始說「沒有特別注重健康」，後半段卻說「開始上網球課」；說自己「身體健康」，卻又馬上說「缺乏體力、容易疲勞」。正確的說法應該是「自己還算健康，但體力有待鍛鍊」，會較完整。

一旦內容前後矛盾，聽眾便會不知道「你想表達什麼」。**修正的重點在於，確立演說者的「立場」**。只要弄清楚他是否重視健康？本身健康狀況究竟如何？內容就會變得更簡單易懂。

內容前後矛盾，大多是因準備不足而引起。建議各位平日不妨多以此主題，事先整理數個演說重點，就算臨時被要求上台，也能切合主題。

修正版

問候 大家好，我叫吳家良。

主題 今天，我想介紹我的「健康養生法」。

內容 我很少生病，也沒有惱人的痼疾。不過，身體也稱不上健康。因為我的體力很差，非常容易感到疲勞。為此，最近我開始參加網球俱樂部，想增進體力。我才剛加入不久，也不敢說自己的體力變好了。不過，的確改善運動量不足的問題，還能紓解壓力。

未來，我還想嘗試散步或健走。以往我都是搭公車或捷運通勤，上班時間也幾乎是整天坐著，站起來走動的機會少之又少。今後我想盡量多走路，減少搭車通勤的機會，藉由這樣的好習慣，慢慢加強體力。

因此，我的健康養生法就是「運動」。現在，我也持續以打網球和健走鍛鍊體力，達成健康目標。

主題 今天，我的「健康養生法」演說就到此結束。

問候 感謝各位的聆聽。

錯誤案例 5 內容冗長、辭不達意

主題▼我的興趣

二十多年前，我搬家後便開始種植盆栽。我在廟會上購買五針松、黑松、秋葉等二十多株盆栽，並把最喜歡的盆栽放在桌上，方便用餐時欣賞。

某天我又經過廟會，看見攤販在販售盆栽，我看到非常美麗的黑松，便買回家放在桌上，結果，時間一久後，葉子也變色了，我拉起根部才發現完全沒有樹根，這種盆栽根本種不活，被欺騙的打擊真的很大，我再也沒心情種植盆栽，便將二十多株盆栽全部送人，從此放棄種植盆栽的興趣。

酒井老師的建議

這段演說的問題是：文章太過冗長了。約莫兩百字的內容，只有兩個句點。一般來說，至少要有五到六個句點才行。

沒有句點的說話方式，會給人「冗長」的印象。這種沒有斷句、分段的內容不易聆聽，也無法讓聽眾留下印象，只會讓人覺得「含糊不清」。

因此，只要分段並修正文章的長度，演說內容就會清楚許多。

修正版

問候 大家好，我叫王彥廷。

主題 今天，我想談談自己的興趣。

內容 大約二十年前，我在搬家後開始種植盆栽。某次廟會上，我購買五針松、黑松、秋葉等二十多株盆栽，並把自己喜歡的盆栽放在桌上，這樣不論何時，就算用餐時也能欣賞。

過了幾日，我再度經過廟會，看見攤販在販售盆栽，因此購買了一株非常漂亮的黑松。沒想到才過了三天，葉子竟然全部變色，我拉起根部才發現，這些盆栽完全沒有樹根。被欺騙讓我大受打擊，便再也沒心情種植盆栽。最後，我將二十多株盆栽全部送給朋友，徹底放棄玩盆栽的興趣。

主題

「我的興趣」就講到這裡。

問候

感謝各位的聆聽。

Point

善用萬用演說稿，就算時間有限，也能侃侃而談。

第 4 章

善用七大發聲法，輕鬆發出好聲音

好聲音的要素：宏亮、平穩、清晰

咬字、音調、呼吸，也會影響說話方式

我在課堂上教授的第一堂課，就是「發聲練習」。聲音也會影響說話，一旦發聲方式錯誤，也難以活用前文所提及的「說話五步驟」。

各位應該不難發現，擅長上台說話的人，不僅演說內容有趣，大多也有一副清晰的好嗓音。**「說話技巧」和「發聲方式」是初學者學習演說技巧的兩大基礎重點。**

此外，我發現許多來說話教室學習的學生，都是因為發聲位置錯誤，導

致音量小、聲音低沉、咬字含糊、發抖、結巴、氣不足，或講話容易疲勞等，無法正確發聲。

音量小的人如果到說話教室求教，老師通常只會請他們「大聲一點說話」；但是，他們就是因為發聲方式錯誤，才導致音量小，無法大聲說話。因此，如果沒有教授正確的發聲位置，一味地請他們拉高音調、大吼大叫，只會傷到喉嚨，於事無補。

以原本的聲音進行調整，才是正確的發聲

此外，如果聲音天生就很低沉，你卻一直要求他提高音調，反而會發不出自然的聲音，當然也稱不上是好聲音。

所謂的「發聲練習」，是以自己原本的聲音為主，進行訓練，而不是勉強自己學會其他聲音。

因此，開始前我會先向學生們說明「發聲方式錯誤」的原因，包括：發聲、呼吸、舌頭不靈活、共鳴位置錯誤等。

每一個原因都有不同的處理方法，例如，音量小的人是因為發音時，出聲的力道不足所致，這時應該要增加發聲的力道；而聲音低沉的原因，則是共鳴（出聲）方式錯誤；聲音發抖或變調則是呼吸問題，呼吸太淺易造成不安定的柔弱聲音。

嚴重時可尋求專業治療，改善聲音

另外，舌頭不靈活亦會無法準確發音，當一句話要重講好幾次時，聽眾當然無法聽清楚其內容。不過，舌頭問題多半與先天因素有關，有時候需要尋求專業醫師的輔助治療。

整體而言，聲音的問題要對症下藥才有效。提供適當的解決方法，問題才能迎刃而解。對聲音沒信心的你，只要接受正確的發聲訓練，即可輕鬆克服心理恐懼，發出一口好聲音。

Point

只要找出問題，你一定能發出「宏亮又穩定的聲音」。

聲音，決定一個人的印象

關鍵是，開場前先主動打招呼

各位覺得什麼是「好聽的聲音」呢？是女主播溫柔端莊的聲音？還是男主播沉靜穩重的聲音？亦或是年輕人充滿活力、開朗明快的聲音呢？

我認為所謂「好聽的聲音」，是在聽完後，會忍不住稱讚「真好聽」的聲音。因此，聲音是否好聽，由聽眾決定。

請各位每天努力練習發聲，調整自己的音色吧！

如此看來，是否聲音低沉的人，就比較吃虧呢？其實未必。

這裡所謂好聽的聲音，不是以「音質」評斷，而是以「能否讓聽眾留下深刻印象」決定。相信大家都聽過制服迷思吧！像是軍人、警察或醫生等，這些必須穿著制服的職業，總是給人專業、幹練的形象，而這也就是所謂的「月暈效應」：一個明顯的特徵，會影響我們對該事物的評斷與印象。

事實上，「聲音」也具有相同效果，且會左右個人的整體形象。

因此，用好聽的聲音演說，內容聽起來就會有趣；反之，如果用不好聽的聲音演說，再好的內容也無法得到共鳴。

當然，「聲音」只是演說成敗的變因之一，但從評斷「整體印象」的角度而言，發音練習就顯得相當重要。

我認為好聽的聲音，排除天生的音質後，最重要的就是「充滿活力與元氣」。就我個人而言，每當我踏進演講會場時，一定會先跟現場觀眾大聲打招呼，如此就容易讓聽眾留下「說話專家」的深刻印象。

開場前先打招呼，可讓聽眾留下深刻印象

同理可證，演說前打招呼，也具有相同效果。**開場前先朝氣十足的問候，可讓聽眾留下深刻印象，在預期心理的作用下，認為之後的演說內容必定不差；若打招呼時有氣無力，想必聽眾也將不抱任何期待。**

「印象」很主觀，大多是透過「比較」來決定。發出比其他人更好的聲音，或在關鍵時刻打招呼，都能製造加分機會，進而留下好印象。

Point

充滿朝氣的聲音，容易獲得聽眾青睞。

改變下巴角度，發聲更容易

抬頭挺胸，幫助發出完美聲音

各位是否想過，「下巴的位置」也會影響發聲呢？因為下巴的位置，左右著發聲方式。音量小、聲音低沉等，通常與下巴的位置錯誤有關。因此，進行發聲訓練時，請先將下巴固定在正確位置，再進行練習。

原則上，下巴不要過度上揚或下壓，肩膀和脖子也不要過度用力、聳肩，保持自然輕鬆的姿勢即可。請先發出「啊」的聲音，並同時移動下巴，往上揚或往下壓，如此一來，就能找出適合喉嚨的發聲位置。建議可先收下巴，再慢慢抬起，較容易進行。

找到下巴的最佳位置後，便可開始練習發聲。若需搭配教材練習，也請改變手拿教材的位置，不要改變下巴的角度。

一旦將下巴維持在正確位置，胸襟就能自然開闊，也更容易發出聲音。

只要經常練習，下巴便能維持在最佳角度。說話時，也會習慣將下巴放在這個位置，發聲的狀況就會越來越好。

固定下巴、站穩腳步，聲音就不會顫抖

容易緊張的人，一旦發現自己的聲音顫抖或變調，就會更緊張，擔心自己出糗，開始低頭、壓著下巴說話；但是，下巴一旦下壓，聲音只會更抖。

其實，只要固定好下巴的位置再深呼吸，並開始慢慢說話，就能減少緊張感，避免聲音顫抖。此外，演說時的「站姿」，也會影響聲音狀態。

我的建議是，**男性的雙腳打開角度，請略比肩膀窄些；女性則雙腳打開至略比肩膀寬；接著挺直背脊，將體重落在腳跟，穩住身體。**有時候，我們會因緊張而雙腳發抖，多半是因為將重心放在腳尖，導致站不穩，雙腳當然會發抖，這時請記得將重心轉移至「腳跟」。

或許有些人不太懂，什麼是「重心放在腳跟」？首先，請墊起腳尖，接著用腳跟落地，這時你的重心就會落在腳跟。如果你的身體後傾，則代表重心過度後移，請再重新試一次，幫助找出最穩固的重心位置。

Point

說話前，請先調整「站姿」，便可發出最棒的聲音。

因緊張而聲音顫抖，怎麼辦？

多練習深呼吸，幫助調整發聲

為什麼說話時，聲音會顫抖呢？那是因為只用「喉嚨」發聲，導致呼吸變淺所致。然而，聲帶沒有所謂的強弱之分，因此，鍛鍊聲帶是不可能的事情，若強行訓練，只會造成喉嚨受傷、聲音枯竭。

不知道各位有沒有想過，「聲音」到底是什麼？

我們能聽到別人的聲音，是因為空氣撼動耳膜的緣故；那我們自己又是如何發聲呢？

當我們深吸一口氣，將空氣吸進肺部後再吐氣；此時，吐出來的空氣就會形成聲音。也就是說，發聲是另一種吐氣的方式。

因此，想發出堅定的聲音，就要「用力呼氣」。但若吸氣不足，就沒有足夠的空氣可吐出。由此可知，「好好吸氣」是順利吐氣的關鍵。

氣不足，自然無法順利發聲

緊張時，呼吸會比平時更不順暢，更難發聲，且會有一股壓迫胸腔的力道產生，肺部一旦有壓迫感，就會難以呼吸。一旦呼吸不順，就無法利用吐氣來發聲，只能強迫改用喉嚨，導致聲音顫抖。

因此，平日應多練習「吸氣、吐氣」，調節呼吸節奏，聲音便不容易顫抖。特別是很緊張時，更要慢慢地深呼吸，利用吐氣發聲。

至於有些人並不緊張，但聲音聽起來卻很抖，這就是平常只用「喉嚨」發聲的緣故。解決方法很簡單，只要多練習「緩慢」呼吸，即可消除聲音顫抖的問題。

Point

深吸一口氣再說話，聲音就不容易顫抖。

說話要抑揚頓挫，適時「停頓」

開口前先深吸一口氣，幫助發出美妙聲音

音量小的人，是否常被提醒要用「丹田發聲」呢？

一般人會有這個觀念，主要和「腹式呼吸」有關。許多說話教室或教導說話的書籍，也大力推廣腹式呼吸的好處。

「腹式呼吸」是人與生俱來的呼吸方式，主要運用橫膈肌呼吸，省力且輕鬆自在。但真正利用腹式呼吸說話的人並不多，就連專業的新聞主播，也鮮少用此方法播報新聞。各位若仔細觀察主播，不難發現其肩膀會上下起

伏，這就表示正在使用「胸腔呼吸」。

雖然腹式呼吸是正確且省力的呼吸方式，但學起來並不容易。每次呼吸都要注意肚子是否先鼓起、後凹下。況且，如果一直在意呼吸的細節，也無法好好說話吧？因此，我認為不必拘泥於腹式呼吸。

我上課時，並不會硬性規定學生要用「腹式呼吸」說話，我會請他們親自練習，找出最適合自己的呼吸法。

原則上，是用鼻孔吸氣、嘴巴吐氣。因為鼻毛有排除塵埃的功能；而空氣經過鼻子後會變得較濕潤。利用鼻孔吸氣，肺部可攝取到濕度適中的乾淨空氣。不過，感冒或慢性鼻炎者，就可使用嘴巴呼吸。

簡而言之，**就是「盡量吸氣和吐氣」，放輕鬆並緩緩吸氣，想得太複雜反而不容易呼吸。**基本上，吸氣的時機是在發聲前，因為聲音源自氣息，不吸氣將很難發聲。只要在打招呼前深吸一口氣，就能發出嘹亮的聲音。

只要在發聲、說話、朗讀前，放輕鬆吸氣，便可發出完美聲音。千萬不要想得太複雜，否則會忘了該吸氣的時機。就算無法掌握吸氣時機，也不必過於擔心，只要專心地緩慢調整呼吸節奏即可。

適當的停頓，可為演說加分

此外，進行發聲練習或說話時，不要只留意發聲的方式和位置，也要留意文章的段落。適當的停頓或停留，不僅能表現出沉著穩定的態度，也可稍加掩飾緊張的情緒。

此外，比起沒有分段的冗長演說，適當安排段落，聽眾會更容易理解。

不過，在正式演說時太在意段落，反而會綁手綁腳，更開不了口。因此只要平日多養成「停頓」的說話習慣，這樣一來，面對大場合的演說時，也不至於因過度緊張，導致說話速度過快，影響表現。

下頁是進行演說或朗讀前，讀者可自行在家做的「停頓練習」。當出現一個黑點時，表示此處短暫停頓；出現二個黑點，表示此處需停頓久一些。

原則上，**朗讀文章時，遇到逗點停留一秒；另起一段則停留兩、三秒。**只要掌握說話的停頓節奏，不僅呼吸能更順暢，說話也將更有韻味，成功吸引聽眾的目光。

Point

說話時請適時停頓，演說將更有韻味。

透過「停頓練習」，使演說更精彩

請抬頭挺胸，並以站姿朗讀下列六段文字。一個黑點停留 1 秒，2 個黑點停留 2～3 秒，記得將聲音盡可能傳至前方牆壁。只要一天練習一到兩次，便可逐漸掌握停頓時機。

現在・報告明天的天氣。・・明天・全國都是晴朗的好天氣。・・中南部和外島地區・午後將有局部雷陣雨。・・

再來・為您報導未來的天氣變化。・・北部到中部・明天傍晚開始會有降雨情形。・・

接下來是最低溫度預測。・・明天早上氣溫偏低。・・比起今天早上・大約減少兩度到六度左右。・・中部山區有降雨的可能。・・

接著是最高溫預測。・・大約和今天相同・或者再高兩、三度左右。・・由於風勢減弱・因此體感溫度較高。・・

現在報導・未來一週的天氣。・・從下星期一開始・將有大範圍降雨情形。・・從八號到九號・寒流來襲將導致氣溫下降。・・

後天的氣溫預測・台北十二度・新竹十一度。・・

如何使說話聲音，迅速又清楚？

語句間稍做停留，避免口齒不清

上台報告或開會時，是否經常被台下的老師或主管要求「講話慢一點呢？」大部分的人，緊張時的講話速度都會特別快。遇到這種情形，絕大多數的說話老師會告誡學生「速度放慢一點，否則聽不清楚你說什麼。」

不過我認為，說話速度快或慢是個人特色。說話速度快，並非最大的問題。問題是，當速度過快時，內容會變得含糊，字句全部黏在一起，讓聽眾不易理解。因此，必須修正說話「模糊不清」的問題，而非速度。

事實上，我也是一個說話速度快的人。以前，我也想放慢速度說話，可是每當我放慢速度，就會像機器人一樣，說話結巴、彆扭、不自然。不僅連我自己覺得奇怪，聽眾也聽得非常不舒服。

此外，聽眾也不一定希望演說者「慢慢說」。許多腦筋動得快的人，對他們來說，或許快速地講解，反而較習慣。

如果想克服因說話速度過快，導致口齒不清的問題，「適當的停頓」是非常有效的方法。

現在，請開口唸下列這句話：

「通往新店的列車即將進站，請勿跨越黃色警戒線。」

若一口氣說完這句話，聽起來會含糊不清。讓我們試著在中間停頓，重新再唸一次，如下範例：

「通往（停頓）新店的列車（停頓）即將進站。請勿跨越（停頓）黃色警戒線。」

像這樣在句子中間稍微停頓，就算不放慢速度，聽起來也非常清楚。但過多的停頓也會使語句瑣碎零亂，請適時且準確地停頓即可。

在演說中適時停頓，可增添緊湊感

此外，適當的停頓或休息，也能替演說增添緊湊感。例如，在演說過程中靜默一段時間，聽眾將更集中注意力，期待接下來的發展。只要在喧鬧的會場使用這個方法，聽眾就會立刻安靜。

至於有些人會在暫停演說時，發出「呃呃」或「啊啊」的聲音來緩和不安，這是非常不恰當的舉止，請停止這樣的行為。如果真的很緊張，稍微停頓也無妨，聽眾並不會太在意，無須過於擔心。

初學者或許很難兼顧發聲和停頓，但切勿心急，只要多練習，一定會進步。請各位反覆練習前三章的內容，直到能自然說話、不刻意停頓為止。

「說話速度快」也是一項個人特色，不要用錯誤的方式矯正，以免破壞既有優勢與魅力。

Point

說話速度快，有時也是一種個人魅力。

透過「吐氣練習」，使音量加大

請多練習吸氣和吐氣，幫助提高音量

聲音細小柔弱的人，其主因大多是「音量不足」。

講話速度快，或許是個人特色，但音量小就稱不上特色了。

一旦對方聽不到你的聲音，溝通就無法成立，即使演說內容再精彩，也沒有意義。因此，「增加音量的訓練」非常重要。

聲音小的人除了舌頭不靈活外，也代表氣不足。**因此，增加音量的重點就是「用力朝前方吐氣」**。我則使用「噴氣」來形容這個方式。

在發聲時，請試著想像將「氣」噴在前方的牆壁上。剛開始練習時，不需要說完整的一句話或一段文章，只需簡短的問候即可。

當你想「用力在牆上噴氣」時，就會稍微抬起下巴，身體微微向前。切記，身體要打直，下巴要保持在正確的位置。只需將「氣」往前吐，身體不需要跟著往前，也要小心不要噴出口水。

或許剛開始有點困難，對方甚至會覺得你為什麼一直大吼大叫，這時，只要稍微壓低音量即可。

只要多留意「氣」的方向，音量就會出現變化。

至於練習的方法，則是在朗讀文章或發聲練習時，以用力噴氣的方式發聲，不是將聲音傳遞到對方耳中，而是將氣傳遞到更遠的地方。

勉強自己大聲說話，無法訓練發聲

誠如前文所提及的，我們雖不必刻意勉強自己大聲說話；但「增加音量」和「大聲說話」的本質不同：持續進行增加音量的訓練後，自然能發出較大的聲音，而不是勉強地大吼大叫。

這兩者的差別在於，說話時是「輕鬆以對」還是「困難勉強」，千萬不要將兩者混淆了。

Point

先吸飽氣再完整吐出，可有效「提高音量」。

第5章

套用說話SOP！面對十大關鍵場合，輕鬆說服各種人

五個重點，輕鬆說服各種人

關鍵是依照不同場合，準備台詞

不論處於什麼場合，「說服力」都是必備的技能。包括：演說、報告、推銷、談合約、提案、交辦事項等。尤其在職場上，「說服力」幾乎與優秀的工作能力劃上等號。

但各位也不要將「說服」想得太複雜困難，只要透過訓練，任何人都能提升「說服力」。接下來，我將介紹達成「說服力」的五大重點。只要謹記這五點，你一定可以成為說服高手。

❶ 歸納重點，最多三個

你是否經常為了說服他人，必須準備許多理由呢？或是擔心說得不夠詳盡，深怕對方無法相信？事實上，缺乏條理、太複雜的內容，反而會使對方無法掌握重點，甚至感到不耐煩。因此，請將內容歸納成三個重點就好。

如果真的無法歸納成三個重點，那就請以「三大重點＋補充事項」的方式，在談話中約略帶過即可。**因為除了「重點」，大部分的人並無意願聽不相關的訊息，「補充說明」只是讓自己心安的策略。**

❷ 確認重點的順序

歸納三個重點後，該從哪一個開始說明呢？請從「最重要」的開始。不必按照時間的先後順序，或先說一些輕鬆的暖場話，直接切入重點即可。

不過，必須特別提醒各位，你的重點不一定是對方的重點，雙方對於

「重點」的看法一定會有落差。**我的建議是，依對方的「感受」來決定重點。**畢竟你想「說服」對方，答應或接受某項要求。

猶如經常在電影或電視中聽到的台詞，「有兩個消息，你想先聽好消息？還是壞消息？」我也會用類似的方法，讓對方決定聆聽的順序。如此一來，對方便會認真聆聽自己決定的重點。

❸ 用具體數據、案例，說服對方

這是說服的基本技巧。缺乏具體數據、案例的內容，絕對無法說服對方。特別是在生意往來的交涉上，模糊籠統的內容，更會暴露自己的外行。

例如，說明「業績不佳」的原因時，如果只說「這三年業績不佳」，過於含糊；反之，如果強調「四年前的業績雖有三千萬，但三年前開始，明顯下滑一半。直到今年仍舊沒起色，僅維持在一千五百萬。」便能讓對方清楚瞭解你說的內容。

或許有些讀者很害怕數字，自認數學不好。**但職場上，尤其是商業往來，「數字」代表一切。**其實這些數字都是簡單的加減乘除運算，並不困難。請大家放下既有成見與恐懼，用「數字」說服對方吧！

④ 區分事實與個人意見

這點非常重要。首先，必須先分清楚哪些是事實、哪些是個人意見。

尤其，向主管報告進度時，務必做到「公私分明」。許多人會把個人意見與既定事實混在一起，這樣不僅會造成對方的誤解，甚至「無法說服」。所以，請先弄清楚哪些是事實，哪些是自己想說的話，再開始報告。

此外，為了使對方分清楚「事實」及「個人意見」，**我建議在說明事實時，可在開頭加一句「實際上」強調**，或在結尾時補充消息來源；**至於在發**

表個人意見時，則可在開頭說「這是我的意見」或「我是這麼想的」。如此便能增加說服的力道與成功機率。

❺ 聲音宏亮，態度大方

宏亮的聲音、端正的姿勢、俐落的肢體動作，只要備齊這三項，便能使你更具說服力。

原則上，所謂的姿態端正，就是抬頭挺胸的「立正」姿勢。但也不需過於緊繃，必須能在談話中自然移動，方便進行下一個動作。因此，自然筆挺的站姿最理想。

此外，講話時聲音宏亮、有朝氣，不僅能留下好印象，也能提升說服的成功機率。一旦講話唯唯諾諾，即使內容再精彩也沒說服力。**有時候，態度落落大方、舉止合宜，其本身就具有極大的說服力。**

以上這五點，對初學者而言，或許沒辦法立刻全部上手，但只要謹記於心，平時多提醒自己，便能漸漸掌握得宜，提升「說服他人的能力」。

Point

事前準備充足，任何人都能成為「說服高手」。

場合❶【主管對部屬說話】

賞罰分明，最理想的帶人之道

對事不對人，「責罵」和「讚美」要交替使用

各位覺得進入職場後，面臨的最大困難是什麼呢？業績？工作效率？還是人際關係？

根據相關調查結果統計，「人際關係」是一般人的最大困擾。其中一項即為：「許多主管不知道該如何指導部屬。」因為有些主管認為，現在的年輕人抗壓性太差，一被責罵就馬上辭職，令他們相當苦惱。

雖然也有百分之八十九的主管認為，「責罵」可以刺激部屬進步，但認

同此觀點的員工，只有百分之四十二點三；反之，認為「責罵」會打擊士氣的部屬，則高達百分之五十六點八。

換言之，大多數的部屬被斥責後，都會產生負面情緒。

沒有理由的責罵或讚美，只會讓部屬不知所措

然而也有人認為，用「讚美」代替「責罵」，可以提升士氣，增進部屬的成長與自信。但我個人的看法是，該責罵的時候就責罵，該讚美的時候就讚美，賞罰分明，才是最理想的「帶人之道」。

以下是適用於「責罵」和「讚美」的六大技巧，單純的責罵或讚美，絕對無法幫助部屬成長。此外，沒有理由的「責罵」和「讚美」，最後只會流於情緒上的發洩，無法產生任何幫助。

責罵技巧❶ 保持理性

當你正在氣頭上時，千萬不要隨意責罵他人，如此只會帶出過往的舊怨，說出不必要的話，使場面一片尷尬，自己也會更生氣。一般人被責罵時，若知道自己有錯在先，大多會願意認錯改善。因此，若這時提出毫無關係的舊恩怨，只會產生反效果。因此，等心情平復後，再冷靜開口，找出對方的問題點。

此外，責罵和生氣是兩回事。冷靜地勸戒是「責罵」，衝動地破口大罵是「生氣」。奉勸各位，不論對部屬或家人朋友，都不該隨意亂發脾氣。

責罵技巧❷ 對事不對人

責罵部屬無能、廢物，等於是否定部屬的人格，使用人身攻擊，絕對無法使部屬成長，反之，更會引起部屬的怨恨，導致彼此的關係破裂。

點出部屬錯誤的「行為（事實）」，再告知他「該如何修正（建議）」，才是正確的責罵。也就是在責罵前，必須先弄清楚事實關係。先釐清失敗的原因，了解責任歸屬，千萬不要單方面的將過失推委在部屬身上。**因為主管和部屬間，並不是「上對下」的絕對專制，而是互助的關係。**若是以專制的方式帶領部屬，只會招致厭惡和失敗。

責罵技巧 3 分清楚時間、地點、時機

責罵時，請分清楚時間（Time）、地點（Place）、時機（Occasion），這也是責罵技巧的三大關鍵點。

部屬犯錯時，必須立即指正（時間）；不過，不能在其他客人或員工面前斥責（地點）。因為責罵的目的，並不是要部屬難堪或丟人現眼。

責罵部屬時，必須要在一對一的情況下進行，因為每個人都有自尊心

（**時機**）。責罵部屬的用意是敦促改善和期待成長，而不是羞辱對方。一旦傷害對方的自尊，就算是正確性的指責，對方也不會服從。

只要謹記這些責罵的重點，部屬一定能欣然接受，並認為你是一位懂得尊重部屬的好主管。

讚美技巧1 讚美要具體

有的時候，讚美是一種脫口而出的話，當下的你沒有思考很多。當然，也不是說必須吝於稱讚，而是在讚美後，若能使對方感到開心，並提升士氣或工作效率，這樣的讚美才有加乘效果。

例如，如果你只說「這陣子表現不錯，繼續保持。」部屬根本不知道你在說什麼，或者應該保持什麼，只會單純的開心，覺得「我被稱讚了」。

你應該點出具體的事實，例如：「比以前早半小時進公司，又懂得照顧新進人員，非常棒！請繼續保持。」部屬便能清楚明白被認可之處，能繼續朝該方向邁進，喜悅感也會比較具體。

讚美技巧❷ 不要忽略過程

當部屬努力許久，卻沒有得到好結果時，不妨就讚美「努力過程」吧！

例如：公司準備已久的提案競賽輸給對手，但準備過程中，每位部屬都十分努力，此時建議以「雖然結果不盡理想，但大家都非常努力，我感到相當驕傲。」等讚美，藉以提升低迷的氣氛，讓部屬瞬間振作。

讚美技巧❸ 強調存在感

有點抽象的概念，簡單來說，**就是強調部屬的存在感，讓部屬了解自己對你而言「很重要」**。例如，常表達「有你在，氣氛就很融洽」，或「一直以來，多謝你的幫助」等。

一般人都喜歡「被需要」的感覺，當我們覺得自己是「被他人需要」或「獲得他人信賴」時，就會變得有自信，工作效率也會提高。

當一個能溝通、願意傾聽的主管

主管若希望部屬願意遵從你的指導，首先，必須營造一個「良好的工作環境」。因此主管平日要呈現「和顏悅色、好溝通、不吝於稱讚」的形象。

如果經常擺著一張臭臉，營造難以親近的感覺，部屬便不敢主動靠近你，因而拉開彼此的距離，也會影響整體的工作氣氛。因此，記得一定要經常保持笑容，部屬才敢主動與你溝通，打開心房。

此外，一般人對於能「當面交談」的對象，較有好感。**其中，願意聆聽他人說話，又比只會單方面說個不停的人，更受到青睞。也就是說，「傾聽**

能力」亦是成為一位好主管的要素之一。

因為每個人都希望獲得他人認可，這是人類的本性。然而，卻鮮少有部屬確實感受到自己被主管認可。因此，讚美部屬是滿足人類「認可欲望」的最好方法，請務必試試。

或許你會想，如果部屬沒有值得被稱讚的成果時，要怎麼辦呢？其實只要謹記讚美技巧，仔細回想其平日的工作情形，一定能找到部屬的優點。

Point

主管的說話方式，決定部屬的工作績效。

場合❷【進行談判】

談判前，一定要「演練」

思考可能發生的狀況，先擬好對策

業務員和顧客協商條件、員工向公司要求更好的待遇、與朋友一同出遊的行程規劃等，出社會後，無論公私場合，總免不了需要與他人進行交涉或談判，且這樣的機會並不少。

談判有時成功，有時失敗，甚至有時陷入膠著；那麼，談判快破裂時，該如何做才能「逆轉局面」呢？請謹記下列三大重點：

❶ 深呼吸，讓頭腦冷靜

當交涉面臨困境時，不妨先深呼吸吧！

緊張時，呼吸會變得急促，造成呼吸困難，反而更難好好說話。因此，要先深呼吸，讓身體和頭腦冷靜。此外，在深呼吸的幾秒鐘內，也可稍微整理思緒，重新準備好接下來要說的話。

❷ 提出妥協的辦法，消除分歧

如果雙方互不相讓，談話也很難有交集，因此，必須先找出一個妥協的折衷辦法，才能繼續進行談話。

例如，賣方和買方之間的價格談不攏，不妨先改變價格或重新審視買賣條件，以防止雙方陷入僵局或談判破裂。

❸ 找出不利對方的因素

在談判快破裂時，不妨提出不利對方的因素，例如：「貴公司很堅持這個價格，但根據市場行情，這樣的價格實在無法順利交易。敢問，您能找到其他願意以此價格交易的公司嗎？」

也就是說，我們應該從對方的要求或話語中，找出破綻，而不是一味地接受對方開出的所有條件。只要找出不利對方的因素，對方一定會願意重新考慮條件或讓步。

事前準備充足，任何談判都能臨危不亂

遵從上述的談判法則，或許可讓即將破裂的僵局出現轉機。但若事前沒有準備充足，便前往談判，或許根本無法走到「陷入僵局」這一步，就先被

打敗了。即使場面「陷入僵局」，若事前準備不足，也很難做出合宜的應對進退，化解僵局。因此，事前準備也有下列三大重點：

❶談判前，先思考可能導致談判破裂的原因。

❷根據「可能失敗的原因」，沙盤推演，尋求替代方案。

❸思考退場機制，一旦對方的條件過於不合理時，主動結束談判。

也就是說，前往談判之前，我們要預設各種突發狀況，並事先思考該如何應對進退。因此，在面對重要談判時，「事前演練」非常重要。

首先，思考一個你期望的理想結果；接下來思考最壞的情況，萬一對方拒絕或生氣時，自己又該如何是好。然後，依照實際情況決定能讓步的空間，還有「絕對不能讓步的底線」。

想好理想結果和讓步底線後，即可開始演練「如何談判」。如果事前缺乏準備，光靠臨場反應，當然不可能有好結果。擅長談判的人，不一定口才很好，但心思絕對縝密。細心、冷靜、頑強的人，才是真正的談判高手。

Point

未雨綢繆，進行任何談判前，都必須經過演練。

場合❸【求職面試】

面試前，先想好「求職理由」

具體說明「如何幫公司賺錢」，比經歷更重要

每當一到求職畢業季，坊間各種求職密技、面試講座等，便如雨後春筍般浮出。各位是否都是以「制式問答」參加面試呢？

書上常教我們，要事先想好可能碰到的問題，例如：社團經驗、優缺點、是否具備領袖氣質、專長興趣等。事實上，企業真正想知道的，只有一件事，即「你為什麼想進我們公司？」

這個理由不只對社會新鮮人重要，對尋求轉職工作的上班族而言，也同

樣重要。**換句話說，是否認真思考「求職理由」，就是錄用與否的關鍵。**

假設面試官詢問：「你來我們公司求職的理由是什麼？」

你回答：「貴公司是國內業界的翹楚，是一間值得效勞的好公司。」

很遺憾，這是最典型的失敗答案。

因為，這時面試官會想，「我的公司的水準如何，還需要由你來告訴我嗎？更何況，求職動機只是因為想到業界龍頭上班，未免也太幼稚了。」

事實上，公司真正想聽的是，「你能為公司帶來哪些效益？」

如何幫公司帶來效益，遠比經歷重要

另外，很多人都會極力強調學生時代的社團、課外活動經驗。但是，若無法將學生時代的經歷，與現在面試的工作結合，那麼這些經驗就會變得一無是處，甚至可能成為絆腳石。

因為，企業想聽的是你進入公司後的目標，想了解你進入公司後的抱負。更進一步解釋，即「你要如何替公司賺錢？」

身為一位剛畢業的學生，也許很難想像自己能帶來什麼貢獻吧！但若只用籠統含糊的形容詞說明自己有幹勁、刻苦耐勞，也無法打動面試官。我們仍必須思考一個具體的答案。

因此，你應該這樣說：「我進入公司後，想做〇〇（代入求職的類別）。因為學生時代所累積的經驗，讓我確信自己具備相關能力，能為貴公司做出一定的貢獻。」

或者你也可以說：「我在就學時，成立了新社團，也擁有挑戰新事物的精神。既然貴公司有開拓新事業的打算，我想我應該能勝任此職務，發揮我的人格特質。」

換句話說，**將未來工作和過去經驗結合，表達具體的主張，才是最好的**

答案，能讓面試官留下深刻的印象。

當然，其他的問答或許也能增加評價，但建議花時間在真正有效的求職理由上。畢竟面試時間有限，如何在最短時間內，讓面試官留下最深刻的印象，才是面試成敗的關鍵。

Point

請想好具體的求職理由，避免努力、幹勁等抽象形容詞。

場合❹【面試官得理不饒人】

面試官咄咄逼人，怎麼辦？

先冷靜再開口，避免胡言亂語

某些企業的面試官，會故意採取高壓冷漠或咄咄逼人的態度，對求職者進行一場「抗壓性」的面試。

承受壓力的求職者，往往會因為對方的態度，陷入緊張、混亂，導致胡言亂語或說不出話。甚至在面試後，心情大受影響，情緒低落。

其實各位不妨換個角度思考，企業如果對你沒興趣，不會浪費時間與你面試。換言之，只要有面試，就有機會。請養成積極正面的思考習慣，不要總是消極以對，保持樂觀、放鬆心情，避免過度緊張。

企業進行此類面試的用意，在於測驗臨場反應和抗壓性，絕不是在惡整求職者。遇到這類面試時，請先深呼吸再冷靜應對吧！

保持冷靜，幫助輕鬆應對各種面試

最重要的是，千萬別讓自己也陷入情緒化。若只是稍微慌張倒無妨，但請勿發脾氣或掉眼淚；激動地反駁對方也是不明智的行為，絕對禁止。

在極度緊張的情況下，說話很難有條理，但也不能一直保持沉默。此時我建議，不要故意耍小聰明，說一些冠冕堂皇的場面話，以為可以佔上風，只要說出自己最真誠的想法就好。

面對無法回答的問題時，請大方承認自己才疏學淺。若不懂裝懂，可能會遇到更艱深的提問，陷入更加難堪的處境。老實承認自己不懂，或許面試官還會被你的誠實所打動。

另外，有些面試官會對求職者提出許多疑問，這並不是在進行抗壓測試，而是純粹地想更了解你。總之，只要「放輕鬆、抱持正面思考」，不論面對任何場合，都能走出自己的路。

Point

不論對方提出哪些問題，都請冷靜回答，勿自亂陣腳。

場合❺【拜訪客戶】

談業務的三大條件：快、狠、準

最多拜訪「三次」，就要獲得結果

業務員是一個靠「嘴」說話的職業。因此，想必不少業務員都很苦惱，「首次拜訪客戶時，該說什麼？」、「拜訪舊客戶時，又該說什麼？」或是「如何開發新客戶？」等問題。

一般業務員在拜訪客戶前，通常都不會有太多準備；因為他們認為與客戶交涉，靠的是「臨場反應」。

但是，毫無準備就前往拜訪客戶，結果想必也不盡理想。

不同於學生時期，仍處於學習、摸索、嘗試的階段；進入職場後，面對任何事情都要先掌握目的和意圖，特別是業務工作。

各位，請先思考一下你跑業務的目的是什麼？不外乎是拿到合約、獲得生意或合作機會，對吧？因此，拜訪客戶是為了「獲得生意」的方法之一，必須認清「拜訪」並不是業務員的工作內容，請各位不要搞混。

也就是說，「拜訪客戶」只是一個手段且務必要成功，若失敗，就無法達成目的，也無法獲得生意，這一切註定就是做白工。因此，既然是達成某項「目的」的方法，就必須謹慎思考，每次拜訪客戶時，明確的「內容重點」和「預期目標」是什麼，絕不能淪為紙上談兵。

就我個人經驗，**「三次」是最佳的拜訪次數**，所謂的「三顧茅廬」也是這個意思。然而，這三次的拜訪重點和目標各不同，如下：

●初次拜訪

❶問候。

❷了解需求（向客戶介紹公司的產品，了解是否符合其需求）。

❸若符合需求就提案，並立刻約定再次拜訪的時間。

❹試著向客戶打探，是否有其他競爭對手。

❺若有機會，建立初步的合約內容。

●再次拜訪

❶補充初次拜訪時的缺失內容，再次詳細說明（重點是解決第一次無法回答的問題，盡量避免丟出新的問題或訊息）。

❷找出客戶中的主要決策者。

❸打探是否有競爭對手（若初次拜訪時沒調查，務必在此次探尋）。

❹再次提案，約定最終拜訪時間。
❺有機會就提議簽約。

●第三次拜訪

❶再次提案（原則上是最終提案，並與合約內容相符）。
❷積極爭取簽約。
❸打探未來是否有其他合作的可能性。
❹若成功，務必讓對方在契約書和訂單上簽名用印。
❺不幸失敗，也請建立雙方日後「易於合作」的關係再離去。

漫無目的拜訪、沒有明確目標，或無法積極說服對方等，也很難獲得成果。假設第三次拜訪也無法成功，那麼去第四次、第五次通常也沒用。有不少業務員習慣「多拜訪客戶幾次」，再勇於提案。但是，若第一次拜訪就有機會，請千萬不要猶豫，勇敢提出吧！

我認為提案和拜訪時，必須掌握「快、狠、準」的節奏，才是成為專業和優秀業務員的必要條件。

Point

拜訪客戶前先想好「目的」，避免浪費時間。

場合❻【處理客訴】

先道歉，並想好兩個補救辦法

迅速、確實地處理，可避免二次傷害

沒有人喜歡應付客訴，但這是無法避免的事情。不論原因為何，客訴代表「已經」造成客戶或交易對象的不愉快，所以更要誠懇相待、努力挽回。

雖然說，勝敗乃兵家常事，即使是馳騁商場多年的老手，也不免失敗或面臨客訴。不過，商場老手與新手的最大差異，就是面對客訴時，前者仍舊能臨危不亂，完美地將危機當作轉機，扭轉局勢。

以下將向各位介紹，如何應付客訴的五大重點：

❶ 先接受對方的抱怨，再解釋

第一時間的反應，是處理客訴的關鍵。若沒有好好處理，問題就會變得更複雜，甚至造成二度傷害。

首先，先聆聽對方的說明，並接受其所有抱怨。急於解釋或反駁，只會使對方更不悅，火上加油。當然，對方咄咄逼人時，我們不免會想為自己辯解，但請各位千萬要忍耐，等對方抱怨完，氣消了以後再做解釋。

當對方在抱怨時，你唯一可以做的就是拿出紙筆，寫下對方所說的話。這麼做可以預防事後雙方對自己說過的話不認帳；亦可表現你非常用心紀錄對方所在意的問題。

此外，**一接到客訴，立刻拜訪客戶是基礎中的基礎**。因為有些問題，用電話或電子郵件說不清，容易造成誤會，所以務必親自跑一趟，了解事情的原委，表現出願意處理客訴的積極態度。

❷ 發自內心，真誠地道歉

親自拜訪，登門見面後，請務必先真摯地道歉：「您說得是，給您添麻煩了，不好意思！」

不只是言語上的抱歉，重點是嚴肅的表情和態度，肢體動作也必須帶有誠意。此外，還要謹守基本的禮儀，例如：身上的領帶不可過於花俏、婉拒對方提供的坐墊、茶水等。

雖然「道歉」是應對客訴的第一步，不過亦不需過於卑微、低聲下氣，否則可能導致公司背負不必要的責任或損壞形象，**「不卑不亢」才是最佳的道歉態度。**

❸ 至少提供兩個解決方案

不要只提出一個解決方案，請盡量多提幾個，讓對方有「選擇」的權利，將決定權留給對方。

例如：客戶沒收到訂購商品，可直接提出「提供贈品」、「退還費用」或「給予折價券」等多種選項。

如果方案只有一個，會給人強迫接受的感覺，讓對方感到更不愉快。**因此，務必提供兩個以上的解決方案，由對方決定後續如何處理。**

❹ 迅速執行補救措施

對方決定好補償方案後，務必立刻執行，花費太多時間顯得缺乏誠意。同時，也要逐一報告處理進度，讓對方知道「你很看重這個問題」。

其實，很多時候客訴是因為怠慢、粗心所導致。以「無法如期出貨」來說，只要事先聯絡客戶，並道歉及說明原因，我想對方也會欣然接受。如果錯失「提前說明」這一步，後續的客訴就會更複雜，造成不必要的誤會。

⑤ 報告主管，必要時尋求適當協助

面對「客訴」這類敏感問題時，不要想著獨自解決，請依事情的輕重緩急，逐一和主管報告商量。必要時，或許可以請主管陪同，向客戶道歉。

Point

「快速、誠懇」，是解決客訴的關鍵之鑰。

場合❼【面對情緒性發言】

對方很情緒化，如何應對？

不需急著解釋或說服，待對方冷靜後再開口

有時候面對情緒化的對象，像是暴跳如雷的投訴顧客、破口大罵髒話的客戶等，我們會突然心生怯意，不知道該如何應對。萬一，這時又因為對方的不斷逼迫，使我們不小心答應了辦不到的事，問題會變得更加複雜難解。因此，面對這種場面時，除了冷靜還是冷靜。

然而，在面對客訴時，我建議姿態可稍微放低些，即誠懇地接受對方的抱怨，再親自道歉，提供解決方案，讓問題迎刃而解。

也就是說，當對方已情緒失控時，我們不必急於說服他，先讓對方冷靜，才是最重要的事。因為任何人都沒辦法破口大罵三十分鐘，大多數的人發洩數分鐘後，心情就會平靜。待對方冷靜後，再進行下一步的對策吧！

建立處理客訴的SOP，避免相同錯誤

不論客戶是個人或企業，**處理客訴時，請以「日後也想和對方保持良好關係」的前提下，誠懇地面對。**

一旦發生客訴，站在第一線的人員除了解決問題，也要採取「預防措施」，以免日後犯下相同錯誤。因此，「處理客訴」的標準流程就顯得非常重要，只要能建立一套有系統的預防機制，就可避免發生相同錯誤。

不過，客訴分為兩種類型：一是對商品或服務不滿的普通客訴；另一種則是故意雞蛋裡挑骨頭的奧客，後者多半是無理的客訴。

面對一般客訴，「迅速應對」是基本方針。但遇到奧客時，無法用一般方法應對，有些情況可能得尋求法律途徑，建議交由專業的律師處理，避免我方理虧，做出不必要的賠償。

Point

建立處理客訴的標準流程，以備不時之需。

場合❽【請求協助】

請託時，最忌使用「命令句」

記住，你是在請求幫忙，而非指使對方

真正的禮貌，不只在言語上，「態度」也很重要。

還記得某次新年時，我到廟裡祈求平安。由於天氣晴朗，寺廟裡的香客很多，因此有警察在引導路線，真的非常辛苦。不過，那位警察的說話方式，到現在我都難以忘記。

警察：「現在人潮擁擠，請遵從我的指示移動，快點。」

這就是所謂「高高在上」，令人感到不舒服的說話態度。

那麼，該怎麼說才好呢？建議改成：「現在人潮擁擠，請各位配合警察的指示移動，謝謝大家。」

人類基本上很討厭被指示、命令或提醒。而「高高在上」的說話態度，容易帶來不快，造成誤會。**不論是對個人或大眾說話時，請盡量避免「高人一等」的傲慢態度。**

高高在上的說話方式，容易惹人討厭

有些人雖然說話方式或使用的字語很有禮貌，但肢體、表情或態度卻不是很好，如此一來，容易給人心口不一的壞印象。

例如，直接說「我的看法就是這樣」，雖然清楚表明自己的立場，但是過於決斷，似乎沒有討論的空間。較好的說法應是在結尾加上問句，傳達柔和、保有彈性的感覺，例如：「我是這麼想的，您認為呢？」

在車站或機場的廁所中，常有呼籲保持清潔的張貼告示，以往總是寫著「請保持清潔」或「請勿弄髒」，現在則改為「請與我們共同維持清潔，感謝您」等。其實，同樣的一句話，只要稍微改變說法，站在聽眾的角度思考，其帶來的效益就會完全不同。

Point

說話客氣卻態度傲慢，反而更容易遭人厭惡。

場合❾【進行簡報】

做到四件事，提案一定被採用

內容以「關鍵字」為主，請捨棄無關的圖文

你是否非常害怕向客戶提案簡報呢？只要一站在客戶面前，就緊張到說不出話嗎？

經過前面幾章的介紹與示範，只要大家活用「說話五步驟」和「發聲訓練」，就可成功克服緊張，勇敢地站在大眾面前，說明提案。

初學者不需要刻意仿效演說老手，搭配多餘的技巧或招式，反而容易弄巧成拙。初學者只要量力而為，拿出真誠的態度即可。

至於提案技巧，又是另外一門學問。在此先列出有助於初學者快速學習提案和簡報的四大重點：

❶ 分析聽眾的屬性，包括職位、年齡等

很多人以為，所謂的企劃是「傳達自己想講的內容」，其實這是錯誤的想法。**企劃的真正用意，是讓對方了解你的提案，進而採取行動（接受企劃案）**。所以，我們要提供對方需要或想知道的訊息。因為最終目的，是希望對方「接受提案」。

依我個人觀察，鮮少人有考慮到這一點，大多是單方面講一些自己感興趣，而聽眾卻覺得很無聊的內容。

為了避免這種情形，「事前準備」非常重要。特別是，我們必須分析「聽眾」屬性。例如：年齡層、職業、性別、需求、頭銜（是否為管理

職）、背景等，越詳細越好。

以公司內部會議為例，面對上司報告企劃案時，只要提出「如何降低成本」和「提高生產值」等內容即可，因為這些對他們而言才是重點。

倘若聽眾是複數，那當中一定有負責決策的關鍵人物。請務必先找出該人物，再安排適當的報告內容，包括：

- **關鍵人物是什麼樣的人（年齡或出身）？可能有什麼想法？**
- **對方想要什麼？**
- **專業領域和背景知識如何？**
- **過去在公司的經歷，及在組織中的地位？**

事先思考這些要素，就能避免簡報成為毫無用處的提案。

❷ 安排提案的架構和內容

提案一開始，就該開門見山，明確指出「這份提案的主旨是什麼？」是想強調商品機能？成本優勢？商品的未來發展？還是其他選項。掌握最重要的一點，再深入說明，整份提案的分量和內容才會扎實、明確。

掌握主旨後，就可利用「說話五步驟」安排報告的內容與順序。如此一來，提案就不會流於鬆散、凌亂或抓不到重點。

❸ 內容簡明扼要，只列出關鍵字

在準備提案的簡報中，許多人會穿插大量的表格、圖表或照片，製作簡報內容。但是，如果這些圖表和報告內容完全不相關，只是為了美化或充數，將徒增簡報頁數，造成內容散漫。

因此，**先確立內容的大架構，再製作簡報，才是正確的提案原則。**

雖然，簡報對於容易緊張的人而言，的確有助於釐清報告的先後順序，可當作一種提示。不過，如果簡報的頁數過多，會導致焦點模糊，適得其反。因此，為了控制每張簡報的字數，請描述「關鍵字」即可。若是較難快速理解的內容，再佐以照片或圖表輔助說明。

原則上，一場二十分鐘的報告，準備五、六張簡報就足夠了。

至於以文字量多的資料，請印成書面資料發給大家，千萬不要將所有的文字貼到簡報上。其好處在於，有時決策者並不會到現場聽取簡報，而必須由被分派前往聽取簡報的人員，回公司稟報決策者。在這種情況下，資料就是說服決策者的關鍵，因此請用心製作。

❹ 事先思考對方的疑問

簡報結束後，常會有開放現場提問的時間，請一定要事先準備。**我們必須事先假設各種可能性問題，及準備如何回答。**例如：對方質問交貨期限和價格的關係，或是品質和利潤等問題。

至少要準備三十個以上的假設問題，比較妥當。而在自問自答的準備過程中，或許也能發現提案中的盲點，可藉此讓內容更加完善。

Point

簡報請以「對方想知道的內容」為主，而非想說的話。

場合⑩【上台演說】

請依聽眾屬性，準備講稿

不論內容多寡，都必須歸納成三點

容易緊張的人，幾乎都有「無法掌握說話重點」的通病。

我在講課時，一定會請學生在上台前，將演說歸納成三個重點，太多或太少都不行。

有的學生會問，如果想說的重點有十個，該怎麼辦？這時我會請他們逐一寫下，並告訴他們哪些重點可以合併或省略，最終再歸納成三點。

接著，我再請學生上台演說，並詢問台下的聽眾，這場演說的「三大重點」是什麼。**因為「聽出別人的重點」，也需要經過練習，如果根本聽不懂，抓不到重點，要說就更困難了。**

學習歸納他人的演說內容，對初學者而言，是一種高難度的訓練。一開始，幾乎所有人都抓不到重點，但是只要多練習，很快就能精準掌握。甚至最後發現，歸納自己的演說重點，遠比歸納別人的容易。

練習歸納他人的話，可幫助掌握重點

練習歸納三個重點的技巧，就能學會快速歸納和掌握重點的訣竅。只要持之以恆的訓練，不管對方問你任何問題，都可以立刻回答出重點。但這項能力的訓練必須長久進行，因此各位不妨利用公司的例行會議時間，訓練歸納三大重點的能力吧！

此外，要掌握歸納能力，「事先分析聽眾屬性」也是方法之一。

假設演說主題是「我居住的城市」，我會建議學生，區分為「本地人」和「外地人」兩大可能聽眾族群。因為聽眾不同，準備演說內容的方向就會完全不一樣，三大重點也將隨之改變。

假設我的演講主題是「如何成為優秀的領導人」，若聽眾是企業家，我會以領導學或帝王學為主；若聽眾是小學生，我會教導他們勇於表達自我主張。**同樣的主題，如果目標聽眾不同，演說內容就必須配合聽眾改變。**

Point

上台前，請先了解聽眾屬性，幫助歸納演說重點。

創造美好人生，從「溝通」開始！

首先，感謝各位讀完這本書。

我寫這本書的用意，是希望幫助各位活用說話技巧，並廣泛應用在各式場合。不論是學生、上班族或企業家，只要有上台或說話的機會，都能輕鬆運用本書提及的技巧與方法。

因此，我想分享「妥善利用本書」的方法，包括：

❶ **熟讀本書▼**累積實戰經驗，營造豐富充實的人生。

❷ **和同事一起閱讀，並具體實踐▼**使職場溝通更順暢，提高開會效益。

❸ **當成課外教材▼**若您是老師，建議可在課堂上，補充本書內容，增進學生的報告或求職面試能力，提前為職場生涯做準備。

❹ **選用本書授課▼**若您是教授說話技巧的老師，建議可選用本書為教材，幫助提升授課實力，提升教學品質。

最後，我以常在課堂上說的座右銘，來替本書總結，即「GOOD COMMUNICATION，GOOD LIFE」，也就是「溝通，讓生活更美好」。

希望閱讀本書的你，都能透過「溝通」，營造更美好的人生。

日本第一說話大師

酒井美智雄

職場通 職場通系列021

容易緊張的人，如何說話？

あがりやすい人のための「話す力」の鍛え方

作　　者	酒井美智雄
譯　　者	葉廷昭
主　　編	陳永芬
責任編輯	周書宇
封面設計	張天薪
內文排版	菩薩蠻數位文化有限公司

出版發行	采實出版集團
行銷企劃	黃文慧・王珉嵐
業務發行	張世明・楊筱薔・李韶婕
會計行政	王雅蕙・李韶婉
法律顧問	第一國際法律事務所　余淑杏律師
電子信箱	acme@acmebook.com.tw
采實官網	http://www.acmestore.com.tw/
采實文化粉絲團	http://www.facebook.com/acmebook

I S B N	978-986-5683-63-4
定　　價	280元
初版一刷	2015年9月24日
劃撥帳號	50148859
劃撥戶名	采實文化事業有限公司
	100台北市中正區南昌路二段81號8樓
	電話：02-2397-7908
	傳真：02-2397-7997

國家圖書館出版品預行編目(CIP)資料

容易緊張的人,如何說話？／酒井美智雄作；葉廷昭譯. -- 初版.
-- 臺北市：核果文化, 民104.09　面；　公分. -- (職場通系列；
21)
譯自：あがりやすい人のための「話す力」の鍛え方
ISBN　978-986-5683-63-4（平裝）

1.說話藝術　2.口才

192.32　　　104012302

廣	告	回	信
台北郵局登記證			
台北廣字第04401號			
免	貼	郵	票

核果文化事業有限公司

100台北市中正區南昌路二段81號8樓

核果文化讀者服務部　收

讀者服務專線：(02) 2397-7908

職場通
021

職場通用回函

系列：職場通系列021
書名：容易緊張的人，如何說話？

讀者資料（本資料只供出版社內部建檔及寄送必要書訊使用）：

1. 姓名：
2. 性別：□男　□女
3. 出生年月日：民國　　年　　月　　日（年齡：　　歲）
4. 教育程度：□大學以上　□大學　□專科　□高中（職）　□國中　□國小以下（含國小）
5. 聯絡地址：
6. 聯絡電話：
7. 電子郵件信箱：
8. 是否願意收到出版物相關資料：□願意　□不願意

購書資訊：

1. 您在哪裡購買本書？□金石堂（含金石堂網路書店）　□誠品　□何嘉仁　□博客來　□墊腳石　□其他：____________（請寫書店名稱）
2. 購買本書日期是？____年____月____日
3. 您從哪裡得到這本書的相關訊息？□報紙廣告　□雜誌　□電視　□廣播　□親朋好友告知　□逛書店看到□別人送的　□網路上看到
4. 什麼原因讓你購買本書？□對主題感興趣　□被書名吸引才買的　□封面吸引人　□內容好，想買回去做做看　□其他：____________________（請寫原因）
5. 看過書以後，您覺得本書的內容：□很好　□普通　□差強人意　□應再加強　□不夠充實
6. 對這本書的整體包裝設計，您覺得：□都很好　□封面吸引人，但內頁編排有待加強　□封面不夠吸引人，內頁編排很棒　□封面和內頁編排都有待加強　□封面和內頁編排都很差

寫下您對本書及出版社的建議：

1. 您最喜歡本書的特點：□實用簡單　□包裝設計　□內容充實
2. 您最喜歡本書中的哪一個章節？原因是？
3. 您最想知道哪些關於人際溝通、說話技巧的觀念？
4. 人際溝通、說話技巧、理財投資等，您希望我們出版哪一類型的商業書籍？

★自我介紹時，請面帶笑容，態度大方★

★拒絕後，記得提供「替代方案」★